Por amor a mí

Por amor a mí

Elígete a diario y mejora tu salud mental

Alma Lozano

AGUILAR

El papel utilizado para la impresión de este libro ha sido fabricado a partir de madera procedente de bosques y plantaciones gestionadas con los más altos estándares ambientales, garantizando una explotación de los recursos sostenible con el medio ambiente y beneficiosa para las personas.

Penguin Random House Grupo Editorial

Por amor a mí
Elígete a diario y mejora tu salud mental
Primera edición: septiembre, 2023
D. R. © 2023, Alma Lozano

D. R. © 2023, derechos de edición mundiales en lengua castellana:
Penguin Random House Grupo Editorial, S. A. de C. V.
Blvd. Miguel de Cervantes Saavedra núm. 301, 1er piso,
colonia Granada, alcaldía Miguel Hidalgo, C. P. 11520,
Ciudad de México

penguinlibros.com

D. R. © 2023, Daniel Bolívar, por las ilustraciones de interiores
Diseño de interiores: Amalia Ángeles

ISBN: 978-607-383-453-7

Impreso en México – *Printed in Mexico*

Índice

Dedico este libro a mi yo del pasado
que necesitaba leer todo esto.

A mi mamá y papá, gracias por siempre creer en
mí, por ser un apoyo incondicional
y por llenarme de tanto amor.

A mi compañero de vida, gracias
por impulsarme a escribir este libro
y por amarme como solo tú sabes hacerlo.

Introducción

Te escribo desde un avión camino a casa. Estoy escuchando "Moonboy" de Bennett Coast. Siento mi corazón latir rápidamente, mi cabeza se mueve al compás de la canción y siento mis manos sudorosas... ¿Será por el miedo irracional que le tengo a los aviones o por la emoción que siento de poder conectar contigo y de abrirte mi corazón hoy?

Conforme te escribo, no puedo evitar sentir una emoción que me desborda, no puedo evitar imaginarte leyendo este libro en donde sea que estés.

Acá entre nos, volar siempre ha sido algo que me causa ansiedad. Es un miedo irracional con el que he aprendido a vivir. Pero ¿sabes qué? Si este miedo no existiera, yo no tendría la necesidad de distraerme, y si yo no tuviera la necesidad de distraerme, este libro no existiría.

Siempre he pensado que hay dos tipos de miedos: el que paraliza y el que mueve. El cerebro humano actúa de formas tan maravillosas... cada día me sorprende lo mucho y poquito que sabemos de él. Cuando sentimos miedo, nuestro cerebro secreta la hormona del estrés, mejor conocida como *cortisol*, y nuestro cuerpo entra en estado de "lucha o huida" (o *fight or flight mode*). Básicamente, significa que tu cerebro tiene dos opciones para responder ante este estresor: puede luchar contra él o puede huir de él. Esta respuesta es meramente adaptativa y es lo que ha hecho que, como humanos, hayamos sobrevivido tantos años. El cortisol fue lo que nos salvó de animales salvajes en épocas arcaicas, nos ha ayudado a huir de situaciones de riesgo. Pero ¿qué pasa cuando esas situaciones de riesgo ya no se ven como animales salvajes de los que tenemos que huir o contra los que tenemos que luchar?

Hemos evolucionado y nuestros miedos también.

Y si algo he aprendido en mis cortos 25 años, es que no importa qué tan grande sea tu miedo, no importa cuál sea tu temor o si ese miedo se ha convertido en una fobia... puedes encontrar luz y siempre puedes cambiar la forma en la que piensas respecto a ese miedo. Te lo dice una psicóloga clínica que a sus cuatro años le tenía miedo al aire, a la oscuridad y a los payasos. Fue ese miedo al aire lo que hizo que mi mamá me llevara por primera vez con una terapeuta. Si tú me preguntas: "¿Cómo le hizo la psicóloga para quitarte ese miedo tan irracional que tenías, Alma?", no tengo idea. Yo solo recuerdo dos cosas: *1)* el consultorio de la psicóloga Ady olía a gardenias y *2)* yo nada más iba a jugar. ¿Será esa una de las razones por las cuales decidí estudiar psicología? Puede ser. Aunque yo no tenía idea de qué era un psicólogo, sabía que cuando me dolía una muela, podía ir con un dentista, cuando me dolía alguna parte del cuerpo, podía ir con un médico y que cuando no sabía qué era lo que estaba sintiendo, cuando sentía miedo con solo ver a los árboles moverse, cuando lo único que quería hacer era esconderme abajo de mi cama temblando de miedo mientras mis primos jugaban en el patio, podía ir con Ady. Porque ese consultorio siempre fue un lugar seguro que olía a un millón de gardenias.

Y sí, los psicólogos también sentimos miedo. Los profesionales de la salud mental también nos equivocamos y también tenemos problemas. Y, ¿sabes qué? Los psicólogos también sufrimos. Y el hecho de que en consulta la neutralidad nos caracterice, eso no significa que también en nuestro día a día seamos así. ¿Te imaginas una vida llevada en modo neutral?

¿CÓMO SE VERÍAN LOS ATARDECERES
EN MODO NEUTRAL?

¿A QUÉ OLERÍAN ESAS TARDES
LLUVIOSAS DE SEPTIEMBRE?

¿CÓMO SE SENTIRÍA VER LA SONRISA
DE ESA PERSONA EN LA QUE PIENSAS?

¿CÓMO SE ESCUCHARÍA
TU CANCIÓN FAVORITA?

¿TE IMAGINAS AMAR EN MODO
NEUTRAL? O PEOR AÚN...
¿AMARTE EN MODO NEUTRAL?

Lo que más deseo es que seas todo menos neutral. Y este libro te ayudará justo a eso. He aprendido que el amor puede serlo todo, menos neutral. Y no hablo solo del amor romántico que crecimos idealizando. Ese amor en el que la princesa tiene que ser salvada de todo mal, ese amor que nos dice que tenemos que soportarlo todo, incluso faltas de respeto porque... "¿y si ese era el amor de tu vida?". No hablo del amor que "todo lo puede" y tampoco del que ha hecho que te olvides de tu propia esencia. No me refiero al amor que tienes que encontrar porque "esa debería ser tu meta en la vida". Hablo del amor propio. Porque por más cliché que suene esto: eres tu casa y eres la persona que te ha acompañado en tus días más oscuros. Nadie en este mundo te entiende más que tú. No existe alguien que comprenda exactamente todas las vivencias que has tenido que soportar más que tú. Solo tú conoces tu historia, y eso es lo maravilloso, porque al final del día siempre te tendrás a ti. Por eso la importancia de **hacer de tu mente un hogar,** no solo un techo donde habitas. *Por amor a mí* es un libro que te enseña a dejar de incendiar tu hogar con las palabras o creencias hirientes con las que has crecido. *Por amor a mí* nos enseña qué son todas esas cosas que hacemos (o podemos hacer) por amor. Así que ponte en una posición cómoda y prepárate para este viaje que te invita a plantar flores, poner lucecitas navideñas en pleno marzo y hacer de tu mente el hogar y el lugar seguro que mereces. *Por amor a mí* ha cambiado mi vida, pues en cada uno de los capítulos te abro por completo mi corazón. Léelo con una mente y corazón abiertos.

Te comparto este código QR que puedes escanear para escuchar algunas de mis canciones favoritas. Esta playlist fue utilizada para escribir este libro, siéntete libre de escucharla.

https://open.spotify.com/
playlist/1pGczUsFhorqmOkWV6UU9/
?si=99e09fd5f7784ef1

1

Por amor a mí, construyo mi propia historia de amor

¿Qué tal si te digo que tu misión en la vida tal vez no es encontrar al amor de tu vida o a tu media naranja? En un mundo en el que nos han enseñado que primero viene el amor a nuestro prójimo, también existe la opción de encontrarte, de conocerte y de amarte a ti antes de amar y poner como prioridad a la vida de cualquier otra persona. ¿Qué tal si quizá tu camino en la vida se ve algo diferente al que la sociedad ha trazado para ti? Sin duda es muy difícil tratar de romper estas ideas y requiere de mucha valentía ir en contra de lo que, se nos dijo, era el "camino de la felicidad".

[La cuestión con el concepto de felicidad es que, considero, se trata de algo que hemos distorsionado con el paso del tiempo. Empezó siendo algo que sentir y hoy se ve como una meta a la que todas las personas tenemos que aspirar... pero ya llegaremos a eso].

Al igual que tú, yo también soñaba con encontrar a esa persona que por fin me completara, yo también desde pequeña me disfrazaba de princesa esperando crecer para ser una mujer *digna de amar* y sobre todo sentirme *digna de ser amada...* y qué equivocada estaba. ¿Una mujer *digna de amar*? ¿Cómo es eso? Y como por qué una niña tiene que estar preocupándose por crecer para ser una buena esposa mientras sus primos y hermanos crecen jugando con carritos, claramente sin preocuparse por crecer para ser hombres dignos de amar y ser amados. Y es que desde ahí vienen las creencias que tanto daño nos han hecho.

Esto me recuerda la primera vez que me enamoré. Tenía 13 años y me enamoré del que entonces era mi mejor amigo. No puedo evitar pensar en todo lo que le diría a esa Almita pasando por la pubertad. Me hubiera encantado haber esperado a estar completa antes de buscar a esa persona que me diera validación. Porque así fue. Yo era una niña que creció insegura de sí misma y odiando su cuerpo. Estuve en ballet desde los tres años y aunque me ayudó a ser una persona sumamente disciplinada, también me generó muchas de las inseguridades que hasta la fecha cargo respecto a mi aspecto físico. ¿Tú crees que una niña que medía 1.45 m y que se comparaba con los cuerpos de otras personas porque "no era lo suficientemente estético para hacer ballet" o a la que le llamaron "cerdo en zapatillas" estaba lista para enamorarse y ser vulnerable con otra persona? Claro que no. Y agradezco que mi primer amor haya sido de lo más tierno, pues claramente no estaba lista, había demasiadas cosas que sanar. La cuestión es que yo no estaba buscando enamorarme, yo estaba buscando la **validación** por parte de otra persona, porque tal vez entonces me sentiría completa. ¿Te suena familiar?

SPOILER ALERT: SI PASAMOS LA VIDA BUSCANDO QUE OTRA PERSONA NOS COMPLETE Y NOS VALIDE, SIEMPRE TENDREMOS ESTA SENSACIÓN DE VACÍO.

Una de mis frases favoritas es del libro *The Perks of Being a Wallflower* de Stephen Chbosky, dice: "Aceptamos el amor que creemos merecer", y qué cierto es. Es por eso que muchas veces terminamos con relaciones que nos lastiman, porque tal vez creemos que eso es lo que merecemos. **Las personas que atraemos son un reflejo de cómo nos sentimos.** Es difícil (mas no imposible) aceptar un amor saludable si nunca lo hemos experimentado. Cuando crecemos somos como esponjitas: absorbemos todo lo que vemos. Absorbemos todo tipo de experiencias. Si creciste en un hogar lleno de amor, si tus cuidadores principales **se** trataban (y **te** trataban) con cariño y respeto, entonces es muuuy probable que crezcas siendo una persona que **no tolera** cualquier tipo o señal de abuso. Por otro lado, si creciste en un hogar que era disfuncional o bastante dañino para ti, es probable que se te dificulte identificar y frenar las conductas abusivas porque, mientras crecías, se normalizaron todas estas conductas y es posible que hasta las confundas con muestras de amor.

Es por eso que aceptamos el amor que creemos merecer. Te digo que es difícil (mas no imposible) aceptar un amor saludable si nunca lo hemos vivido.

Esto me recuerda la película *A él no le gustas tanto* inspirada en el libro de Liz Tuccillo y Greg Behrendt. Parece como si hubiera sido ayer el día que vi esta película por primera vez. Era una puberta de 12 años y la primera escena ME VOLÓ LA MENTE. Esa escena en donde una niña de unos cuatro años corre hacia su madre a decirle que su compañerito escolar la estaba molestando, y esta le contesta: "Mi amor, ¡de seguro hace eso porque le gustas!". ¿A cuántas de nosotras no nos dijeron lo mismo? Déjame decirte que no, así no se debería ver el amor. Dejemos de romantizar la falta de interés y la indiferencia justificándolo y llamándolo amor. Y, a ver, estoy consciente de que el amor se puede ver de mil formas y que, como el arte, no encaja en tan solo una definición. Para muchas personas el amor puede verse como un sueño color de rosa, como un cuento de hadas donde todo es "perfecto", los problemas no existen y se derrama pura miel sobre el pavimento. Para otras personas el amor es drama, intriga, inseguridad y mucha pasión. Considero que la definición del amor que adoptemos dependerá de las experiencias que hemos vivido, pues somos experiencias.

Es más, hagamos un ejercicio para tratar de definir lo más que podamos qué es el amor, con base en tus experiencias:

¿QUÉ ES AMOR PARA TI?

♡

¿POR QUÉ ESO ES AMOR PARA TI?

¿QUÉ NO ES AMOR PARA TI?

♡
♡ ♡

Ahora quiero que pienses en ti y (si aplica) en las relaciones que has tenido, ¿cómo te vinculaste en un pasado? ¿Cómo te vinculas ahora? ¿Desde el amor, desde la inseguridad o desde la carencia? Como lo mencionan Ashley Frangie y Lety Sahagún en su pódcast *Se regalan dudas*, muchas veces hacemos cosas "en nombre del amor" que realmente de "amor" solo tienen el nombre, pues son en muchas ocasiones violencia, abuso y faltas de respeto disfrazadas. Sin embargo, crecimos pensando que esa era la definición de amor puesto que así lo veíamos en casa, en los medios de comunicación y, prácticamente, en todas partes.

Piénsalo. Siempre veíamos en las películas la típica historia de la mujer brillante enamorada de un hombre que no está disponible emocionalmente y le da el mínimo de atención; después de que él le hace pasar por todo tipo de momentos terribles, la sigue a un aeropuerto o llega con flores a su casa, o con una bocina arriba de su cabeza y *mágicamente* desaparecen todos los problemas y los malos momentos que le hace pasar... ¿Por qué? Porque "eso es amor", porque crecimos con todo tipo de mitos del amor romántico que nos decían que "el amor todo lo puede", que "tienes que luchar por la persona que amas" y que "el amor duele". Entonces, ¿qué sucede? Al crecer, si nos encontramos con una persona que parece no estar disponible emocionalmente, nos da el MÍNIMO de atención y nos hace pasar por un mal momento con frecuencia, quizá, ahí estaremos enganchadas, porque "¿Qué tal si es amor?", "¿Qué tal si yo puedo cambiarlo?" o, peor aún, muchas veces nos quedamos en una relación porque esa persona "tiene potencial". Sin embargo, no podemos enamorarnos del "potencial" de esa persona, pues estamos entonces cayendo en la *idealización*.

Idealización

Idealizar: Enaltecer, exagerar o
sobrevalorar una situación, concepto o
persona por encima de la realidad.

¿Te ha pasado que te enamoras de la idea de alguien?

Quisiera contarte una breve historia de amor. Por ahí de septiembre de 2015, tenía 17 años y me enamoré de una persona a distancia. Parecía ser la persona perfecta para mí, realmente yo sentía que estaba en una película y que todo era demasiado bueno para ser verdad. Después de ocho meses de amor intenso a distancia, empecé a darme cuenta de que yo estaba enamorada del potencial que tenía la relación y de lo linda que sería si tan solo estuviésemos juntos. Me enamoré de la idea de la persona, no en sí de la realidad que estábamos viviendo.

SPOILER ALERT: ESA RELACIÓN NO FUNCIONÓ POR DISTINTAS RAZONES, PERO LA PRINCIPAL FUE QUE CAÍMOS MUTUAMENTE EN LA IDEALIZACIÓN.

El verdadero problema con la idealización es que podemos llegar a olvidar el concepto de lo que es una relación saludable y nos cegamos por tratar de encajar en el molde que la sociedad ha diseñado para nosotros. Ya sabes, ese molde de "vivieron felices para siempre, a pesar de todo". Y uno no debería amar "a pesar de todo" o "incondicionalmente" pues estamos entonces siguiendo este patrón del mito del amor romántico con el que crecimos que nos dicta que "el amor todo lo puede y todo lo aguanta". Muchas veces, llamamos "amor" a conductas que nos hieren. Y, ¿sabes qué es lo curioso? Que **no es nuestra culpa, pero sí nuestra responsabilidad reaprender estas ideas.**

Al tratar de ponerle una definición al amor podemos tardarnos horas y horas y probablemente nunca estaremos conformes, pues no existe solo una forma de explicar lo que es. Sin embargo, hablando con el psicólogo David Codina, encontré una definición que creo es de mis favoritas:

> **El amor es una forma de transmitir lo que uno piensa y siente, es una forma de compartir con el otro, de construir y de destruir también. El amor no es algo, es una fuerza que nos hace conectar con otros. El amor es aquello que nos permite sentir, pensar, ser y estar para alguien más y nos permite poder conectar con nuestro verdadero potencial.**

Después de haber conversado con este psicólogo, me empecé a cuestionar ¿qué es ahora el amor para mí? Porque ya te expliqué lo que era amor para mí siendo esa puberta de 13 años pasando por su primer amor y, claramente, mi concepto de amor ha ido cambiando conforme he ido creciendo. El amor es una decisión que tomamos todos los días. Es querer compartirlo todo con esa persona, incluso si eso significa compartir hasta los tragos más amargos de la vida. Es en quien piensas cuando tienes un día bellísimo y lleno de luz, pero también son los brazos a donde quieres correr cuando todo parece ir mal. Si yo pudiera definir el amor en pocas palabras, tendría que ser algo que yo llamo el **CoRiCoRe**:

+ **Complicidad**, porque creo que una pareja debe ser tu mejor equipo, esa persona en quien puedas recargarte y viceversa. Habrá días donde no todo será miel sobre hojuelas y en donde predomine la oscuridad, pero qué mejor que poder tener a tu lado a una persona que te brinde paz en tus más grandes tormentas y que con un solo abrazo pueda ayudarte a encender tu luz.

+ **Risas**, porque la vida es mejor riendo. A veces, nos tomamos todo demasiado en serio. Te comparto algo que hacemos mi pareja y yo cuando estamos teniendo una discusión y queremos quitar la tensión: decimos una palabra *random*, o sea, que no tenga nada que ver con lo que estemos conversando. La nuestra es *ogro* porque, honestamente, amamos las películas de Shrek. No puedo explicarte lo mucho que nos ha ayudado cuando estamos teniendo una discusión el sacar esa palabra, porque nos atacamos de la risa, se va la tensión y podemos hablar con más claridad.

+ **Confianza**, porque no creo que exista una relación saludable sin ella. Es sin duda alguna el ingrediente que nunca puede faltar. Debemos tomar en consideración que cada pareja tiene sus reglas y sus límites. Lo que para una pareja puede ser inaceptable, probablemente para otra sea algo completamente cotidiano, y eso es lo maravilloso del amor y de las relaciones: que las reglas se ponen en pareja y no nos corresponde a nadie más opinar al respecto. La confianza es lo más valioso que podemos tener en nuestras relaciones, pero también lo más frágil y lo que más cuesta recuperar.

+ **Reciprocidad**, el *intercambio* que existe entre lo que yo hago por ti y lo que tú puedes hacer por mí. Esto aplica para todo tipo de relaciones: de pareja, amistosas, familiares, entre otras. Realmente, para que una relación pueda florecer, es necesario que el sentimiento sea recíproco. Te daré un ejemplo supersencillo: quiero que imagines que estás cargando un sillón grande. ¿Puedes cargarlo por tu cuenta? Es difícil, ¿no? Claramente es mucho más sencillo cuando hay dos personas cargándolo. Lo mismo pasa con nuestras relaciones, es complicado si solo una de las partes pone de su parte, sin embargo, si ambos colaboran, es mucho más sencillo.

Me he dado cuenta de que amar es una fuerza y una magia que nos mueve y que puede sacar lo mejor y lo peor de nosotros. Por ejemplo, antes creía que el celar a mi pareja era un "acto de amor", una forma de decirle "no te quiero perder" y si yo no era celada, sentía que mi pareja entonces no me quería. Después, conforme fui creciendo y madurando me di cuenta de que, al contrario de lo que pensaba, realmente los celos, más que ser un acto de amor o reconocimiento, son una respuesta ante el miedo de perder algo que asumimos que nos pertenece, que es de nuestra propiedad. Una idea que es, sin duda alguna, preocupante. Y, a ver, considero que es algo aprendido. Se nos enseñó por mucho tiempo que, como mujer, tu competencia es otra mujer, ¿COMO PORRR? Nos enseñaron que las mujeres "calladitas nos vemos más bonitas" y que prácticamente, si tu pareja decidía irse con otra persona era porque "fue a buscar lo que tú no pudiste darle". Lo que yo me cuestiono es: si una pareja decide ya no estar todo el tiempo juntos, ¿quiere decir que ya no se aman? ¿En qué momento olvidamos que antes que ser parejas somos seres individuales que tienen derecho a su tiempo y espacio y esto NO quiere decir que no amen al otro? ¿Por qué no enseñar lo que son los acuerdos en pareja y los límites? Considero que valdría la pena empezar a cuestionarnos qué fue eso que nos contaron sobre el amor y si realmente esa idea del amor es lo que queremos tener en nuestra vida.

Quiero que recuerdes esa vez que te enamoraste. Esa vez en la que las canciones de amor empezaron a tomar sentido, cuando el mundo parecía tener un brillo diferente. ¿Ya lo recordaste? Esa parte que se sonroja dentro de nuestro cuerpo, ese nervio que se desata en el estómago en forma de mariposas, esa piel chinita que surge justo después de emocionarse, son signos que nos permiten registrar el **brillo** que hay dentro de nosotros, muchas veces el cuerpo pone en escena lo que no ponemos en palabras. Es por eso que al amar a **alguien más** es muy evidente encontrarnos con signos en nuestro cuerpo que nos aseguran que eso que pensamos **sí** es amor; es fácil ver el brillo de uno mismo (o sea, las reacciones físicas que notamos en nuestro cuerpo) cuando damos **brillo** a alguien más. Ese brillo es el que da los signos necesarios para dejarle claro a esa persona lo mucho que nos gusta, es decir, vamos y nos ponemos nerviosos frente a alguien y es como si con el cuerpo anduviéramos diciendo: "¡Me encantas! ¡POR FAVOR, ABRÁZAME!". Entendamos que así funciona el **vínculo** de amar a alguien: damos brillo y en ese brillar constante buscamos conquistar a esa persona. En pocas palabras, **nuestro cuerpo intenta desesperadamente dar luz a eso que deseamos tanto.**

Cuando hablamos de amar a alguien más es sencillo entender la función del brillo. Pero ¿puede uno conquistarse a sí mismo? Claro, solo tenemos que poner la misma atención que le damos al brillo ajeno en la luz que nosotros mismos tenemos. Es más complejo de lo que parece. Significa que si un día estás leyendo un libro y te das cuenta de que estás muy a gusto, entonces **ahí hay luz**, pon atención y ten presente eso. Si otro día estás caminando por un parque y te sorprendes dándote cuenta de que estás sonriendo, ahí también hay luz. Si te enorgulleces de contar algo que hiciste significa que en eso también hay luz... **conquistarse sería entonces el proceso de tener claro los lugares y las cosas en donde uno se encuentra con luz e intentar hacerlos más parte de nuestras vidas.** De esta manera, podemos comenzar a conquistarnos y darnos cuenta de que el brillo siempre vive en nosotros, solo hay que encontrarlo.

Para construir nuestra propia historia de amor es importante primero aprender a encontrar esta luz dentro de nosotros y hacer lo que cualquier otra persona hace al conocer a una pareja: darse el tiempo de CONOCERSE. Suena curioso porque pensamos que nos conocemos perfecto, pero en muchas ocasiones no es así y vale la pena tomarnos el tiempo de hacernos preguntas, invitarnos a salir, hacer cosas que disfrutemos y encontrar *eso* que nos hace brillar. ¿Por qué sí lo hacemos para conocer a la persona con la que potencialmente compartiremos parte de nuestra vida y no con nosotros, si somos la persona con la que hemos compartido y compartiremos el 100% de nuestros días? Piénsalo. Realmente, somos la única persona que ha estado el 100% de nuestros días más oscuros y el 100% de los días en donde más brillamos, deberíamos darnos más crédito por eso, ¿no crees?

Conocernos nos puede facilitar la respuesta a muchas preguntas importantes como:

¿QUÉ ES LO QUE ESPERO SI DECIDO ESTAR EN UNA RELACIÓN?

¿CÓMO ME GUSTA SER AMADA/O?

¿CÓMO ME GUSTA AMAR?

¿CUÁLES SON MIS LÍMITES?

Todo este tema me recuerda una frase de mi amiga y colega Linda Ramos:

Saber amarnos nos abre la puerta a saber de qué manera queremos ser amados.

Aprendimos que lo más maravilloso que nos puede pasar es amar y ser amados, pero se nos olvida un punto muy importante, que es el saber amarnos y conocernos a nosotros mismos. Me atrevo a decir que el conocernos es el primer paso para poder mejorar la relación que tenemos con nosotros mismos.

Aquí te dejo algunas preguntas que te ayudarán a conocerte mucho mejor:

¿QUÉ ES ESO QUE MÁS DISFRUTO HACER?
¿QUÉ ME DA BRILLO?

5 COSAS QUE ME GUSTAN DE MÍ:

5 DEBILIDADES QUE TENGO:

¿DÓNDE SIENTO SEGURIDAD?

CUANDO ME SIENTO TRISTE, ME GUSTA:

UN OBJETIVO QUE TENGO A CORTO PLAZO ES:

SIENTO ORGULLO DE MÍ CUANDO:

TRES PERSONAS QUE ME HACEN SENTIR SEGURIDAD:

ME DIVIERTO CUANDO:

MI SUEÑO MÁS GRANDE ES:

Todos tenemos una historia, todos llevamos cicatrices emocionales que nos han hecho la persona que somos el día de hoy. Todos tenemos oscuridad y luz. No es responsabilidad de nadie, más que nuestra, hacernos cargo de nuestra historia y de todas estas cicatrices. Desafortunadamente, hay veces en las que al voltear hacia atrás y ver nuestra historia hacemos como que "no sucedieron" ciertos detalles de ella. Hacer esto nos empobrece emocionalmente. En cambio, hacernos cargo de nuestra historia con todos sus matices nos empodera. Empodera el hecho de que, a pesar de todas las adversidades, equivocaciones, altibajos emocionales, aciertos y desaciertos, hoy estás aquí. Todo ese caos y momentos difíciles te han traído hasta este momento, sí, incluso esos de los que muchas veces no quieres acordarte, incluso todas esas historias de amor inconclusas y fallidas. Los seres humanos estamos en constante cambio, hay tantas partes de nosotros que aún no conocemos y eso es lo maravilloso de crecer. No somos la misma persona que éramos antes, no somos ni siquiera quien éramos hace un mes o hace un año. Pues, con el paso del tiempo, vamos viviendo diversas experiencias que nos van moldeando. Me gusta pensar que somos un collage de experiencias, momentos y personas que han pasado por nuestra vida y que han dejado huella de una u otra forma. Por ejemplo, me gusta bailar al compás de la música cuando como porque mi mamá siempre me dijo que así se disfrutaba más la comida. Cuando estoy viviendo un momento digno de recordarse, me pellizco el brazo y me repito en mi mente "grábate este momento", pues mi papá siempre hace eso cuando vemos un lindo paisaje. Siempre pensé que mi risa era extraña, hasta que mis tíos me platicaron que justo así era como se reía mi abuelita. Al caminar, siempre trato de evitar tocar las líneas en el piso porque mi hermano y yo competíamos cuando éramos niños para ver quién duraba más evitándolas. Esto es parte de mi collage, **¿cuál es el tuyo?**

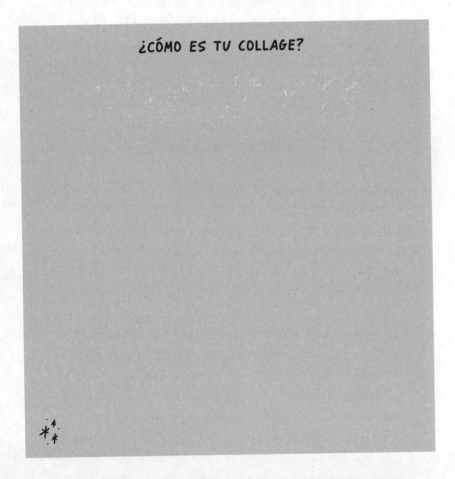

Hazte cargo de tu historia y abrázala, porque es solo tuya y de ti depende la trama y el rumbo que tomará tu personaje principal. Haz que sea una historia que te enamore.

Tú eres el personaje principal en la historia de tu vida. Enamórate de ella, con todo y sus momentos oscuros. Las mejores historias son las que tienen *plot twists* inesperados.

Por amor a mí, construyo mi propia historia de amor.

2

Por amor a mí, me permito sentir

Al crecer, mis papás nos cambiaron de escuela a mi hermano y a mí unas tres veces. Era difícil porque tenía que adaptarme y hacer nuevos amigos en cada una de ellas. Sin embargo, al tercer cambio, mis papás decidieron meterme a una escuela "humanista". ¿Qué significaba eso? Incluso siendo psicóloga, al día de hoy no tengo ni la más remota idea. Creo que tenía que ver con algo así como cero tolerancia al *bullying* y esas cosas. Lo que sí recuerdo es que este colegio "humanista" tenía materias que incluían temas de "desarrollo humano" e "inteligencia emocional".

Recuerdo que en una de estas clases la maestra nos puso una actividad en la que tenías que pegarte una hoja en la espalda para que los demás compañeros, de forma anónima, te describieran. La regla era no escribir nada ofensivo, claramente. Al terminar la actividad, muchos de mis compañeros estaban felices con sus descripciones, pues tenían escritas palabras como: "divertido", "buena onda", "bonita", etcétera. Y en mi caso, recuerdo muchísimo que una de las palabras que más se repetía en mi hojita era "sentimental".

Al leerla, honestamente se sintió como una pequeña ofensa, pues yo quería ser *cool* o bonita, no sentimental. Y es que, no sé si te ha pasado, pero, para mí, el que alguien me dijera: "Ay, eres supersentimental", mucho tiempo lo entendí como sinónimo de "eres débil". Y no culpo para nada a mi escuela "humanista", ni a mi maestra, ni a mis compañeros, sino a la sociedad que nos dijo que: "Llorar era cosa de débiles".

Creo que sería bueno primero cuestionarnos:

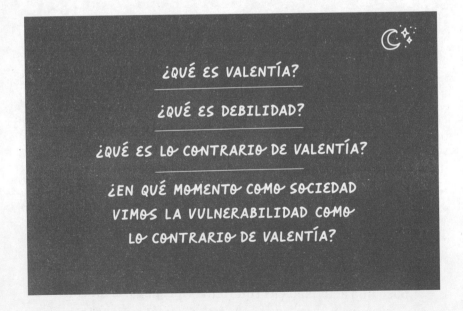

¿QUÉ ES VALENTÍA?

¿QUÉ ES DEBILIDAD?

¿QUÉ ES LO CONTRARIO DE VALENTÍA?

¿EN QUÉ MOMENTO COMO SOCIEDAD VIMOS LA VULNERABILIDAD COMO LO CONTRARIO DE VALENTÍA?

Me atrevo a decir que es todo lo contrario: **eres tan valiente, que decides sentirlo todo.**

Por mucho tiempo me impuse la idea de no permitirme sentir, pensando que mi meta en la vida tenía que ser la felicidad, ser plena. Pero, realmente ¿qué significa ser feliz? Es algo tan subjetivo...

Lo que para mí es felicidad a lo mejor para ti es tu estado neutral, puede ser que lo que para mí es mi pico más alto de alegría, a lo mejor para ti no significa nada. La felicidad, como el éxito, el amor o el arte, no caben en una sola definición.

¿QUÉ ES PARA TI LA FELICIDAD?

Ejemplo: La felicidad para mí es poder ver un rayito de luz en la oscuridad. Felicidad es encontrarme en los ojos de la persona que más amo. Felicidad es sentirme satisfecha con la vida que he construido.

AHORA TE TOCA A TI,
¿QUÉ ES LA FELICIDAD PARA TI?

La filosofía de Aristóteles considera la felicidad como el supremo bien y el fin último del hombre. Es la máxima aspiración humana y resulta del todo posible lograrla conjugando los bienes externos, del cuerpo y del alma.

Lo que sí te puedo decir al respecto es que, a diferencia de lo que nos han dicho siempre, **la alegría no es una meta, es una emoción.** Usualmente, podemos llegar a confundir la alegría con la felicidad. La felicidad es un estado al cual podemos aspirar, un estado de satisfacción y plenitud que puede tener una gran duración y que permite que disfrutemos nuestra vida en general sin dejar de reconocer la variedad de emociones en nuestros días más difíciles. La alegría, por su parte, es una emoción que, como todas las demás, tiene muy corta duración, es por eso que es un poco absurdo intentar que esta emoción se convierta en un estado permanente, porque como cualquier otra emoción, es pasajera.

Cuando era pequeña, siempre que alguien me preguntaba: "¿Cuál es tu sueño más grande?", después de decir: "Ser una estrella pop internacional como Lizzie McGuire", yo respondía segura: "Ser alegre sin importar qué". Como si la alegría fuera un destino o una meta a la cual aspirar, olvidando que TODAS las emociones son pasajeras y todas son igualmente necesarias. Sip, hasta esas emociones tan incómodas como la ansiedad, el enojo, la tristeza, la frustración. Todas son información. Y es que al contrario de lo que se nos enseñó de pequeños, no existe tal cosa como emociones "positivas" o "negativas" o emociones "buenas" o "malas", las emociones tan solo son eso, emociones. Ni la alegría es lo mejor que te puede pasar, ni la tristeza es tu mayor enemigo. Todas las emociones tienen la función de enseñarnos algo, de darnos información que en ese momento necesitamos.

La felicidad tampoco es la ausencia de problemas. Ya que, por naturaleza, siempre los tendremos; se resuelve uno, inicia otro, es un ciclo que es parte de nuestra vida. Alguna vez me dijo mi papá que la felicidad es la capacidad de adaptarnos a las diferentes circunstancias que enfrentamos.

Seamos sinceros: nadie nos enseñó a sentir. Como te lo decía en mi anécdota, sentir ha sido visto como un acto de debilidad por muchísimo tiempo. Era visto como algo "de niñas", como si las emociones tuvieran género o prejuicios sociales. Quiero que recuerdes cuando estabas en la etapa de infancia, ¿qué pasaba cuando veías a alguno de tus padres o cuidadores principales llorar? (si es que alguna vez los has visto llorar). Muy probablemente, se limpiaron las lágrimas e hicieron como si "todo estuviera bajo control", muy probablemente te dijeron algo así como: "No pasa nada, estoy bien", pues es a lo que estamos acostumbrados. A siempre responder: "Estoy bien", cuando nos preguntan: "¿Cómo estás?". Y no siempre se está *bien*, y eso está bien.

Aprendimos que sentir cualquier otra cosa que no fuera felicidad era mal visto, incluso cuando éramos bebés. ¿A cuántos de nosotros nos dijeron "no llores" cuando estábamos en un lugar público? Este tipo de creencias con las que crecimos nos acompañan a la fecha. ¿No crees que en parte la razón por la cual nos resulta muy difícil expresar y nombrar nuestras emociones es porque nunca aprendimos a validarlas? Son pocas las personas que saben identificar qué emoción es la que están sintiendo, pues estamos acostumbrados a decir cosas como: "Me siento chípil", "Me siento rara", "Me siento mal", pero ¿mal cómo? ¿Qué es sentirse mal y qué es sentirse bien? Porque hasta donde yo sé, las emociones no están clasificadas como "buenas" o "malas", todas son necesarias, todas son importantes y todas nos dan información de que algo sucede.

El enojo nos indica que hay una situación de injusticia en la cual debemos alzar la voz, protegernos o establecer algún límite. La tristeza nos invita a la reflexión, nos permite tomar distancia de situaciones dolorosas. La felicidad nos invita a hacer más de aquello que nos parezca placentero. Busca repetir aquello que nos produce la sensación de bienestar. El disgusto nos impulsa a alejarnos de situaciones que no nos generan la sensación de bienestar. La sorpresa nos ayuda a enfrentar escenarios y situaciones desconocidas. El miedo nos alerta y protege de situaciones que parecen de riesgo. Y esas tan solo son las emociones básicas de acuerdo a Daniel Goleman, pero hay muchííísimas más formas de descubrir lo que sentimos.

La felicidad no es algo que se pueda decidir, no es tan sencillo como eso, no podemos *controlar* todo lo que sentimos, pero lo que sí podemos hacer es permitirnos sentir, expresarnos de manera funcional y tomar mejores decisiones, y para esto quiero explicarte un método brillante: el **Método Ruler** elaborado por el doctor Marc Brackett, quien forma parte del Yale Center for Emotional Intelligence. Este método está basado en más de dos décadas de investigación en inteligencia emocional, y su efectividad ha sido constatada en cientos de escuelas a nivel internacional. Voy a resumirlo de la forma más sencilla, sin embargo, sí te invito a leer su libro *Permission to feel* (*Permiso para sentir*) para más profundidad en el tema.

Este método te ayudará a reconocer, entender y expresar tus emociones de una manera más funcional.

Método ruler
+ *R - Recognize —> Reconoce*
+ *U - Understand —> Entiende*
+ *L - Label —> Etiqueta*
+ *E - Express —> Expresa*
+ *R - Regulate —> Regula*

Reconoce

Es fundamental **reconocer** las sensaciones físicas que despierta en nosotros la emoción.

Pregúntate:
+ ¿Cómo se siente mi cuerpo?
+ ¿Cómo es mi postura?
+ ¿Cómo es mi expresión facial?
+ ¿Cómo es mi respiración?
+ ¿Siento energía?
+ ¿Es placentera esta sensación?

Recordemos que aunque no existen emociones "buenas" o "malas" sí existen emociones que se sienten placenteras y otras que no se sienten para nada placenteras, emociones que nos llenan de energía y otras que nos la drenan.

Entiende

Tratemos de entender de dónde
viene esta emoción.

Pregúntate:
+ ¿Qué fue lo que sucedió que despertó
esta emoción en mí?
+ ¿Qué pasó antes, durante y después?

Entender qué fue lo que desencadenó esta
emoción nos ayuda a conocernos y a descubrir las
causas y consecuencias de nuestras emociones.

Etiqueta

Perfecto, ya identificaste cómo se siente
físicamente la emoción, ya identificaste si es algo
placentero o no, ya descubriste qué fue lo que
desencadenó esa emoción, ahora sigue nombrarlo.

Pregúntate:
+ Si pudiera expresar lo que siento, ¿qué sería?
+ ¿Cómo se llama esta emoción?

Encontrar las palabras precisas para describir
lo que sientes te ayudará a entender tus
propias experiencias, pedir ayuda, encontrar
la forma de ayudar a otras personas y

empatizar con las experiencias de otras personas. Entre más precisa la etiqueta, más sencillo será comunicar esto que sientes.

Expresa

Saca esa emoción de la forma en la que más te guste. Puedes escribirlo, hablarlo, dibujarlo, bailarlo, cantarlo, cocinarlo... lo que vaya más contigo.

Con qué guiarse:

Pregúntate:
✦ ¿Cómo puedo compartir esto que siento?

Expresa tu emoción en una forma en la que otras personas puedan entender cómo pueden apoyarte.

Regula

Seamos honestos. Muchas veces las emociones pueden ser abrumadoras y pueden hacernos reaccionar de formas en las que no quisiéramos. Es difícil gestionar emociones intensas, pero aquí te van tres herramientas muy valiosas para aprender a regularlas:

Cuando sientas una emoción muy intensa, intenta hacer esto antes de actuar:
✦ Respira profundamente.
✦ Planea.
✦ Ve la situación desde otra perspectiva.

Regular las emociones resulta uno de los pasos más difíciles para muchas personas, por eso te comparto algunas ideas para cada uno de sus pasos. También te pueden ayudar cuando sientas emociones y sensaciones intensas como lo son el estrés, la ansiedad, el miedo y el enojo, entre otras.

1. Para la respiración

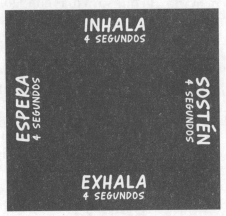

REPÍTELO CUANTAS VECES CREAS NECESARIO.

5 - 4 - 3 - 2 - 1

Este ejercicio, más que ser de respiración, es una técnica de *grounding* que, como lo dice el nombre, nos regresa a nuestro centro.

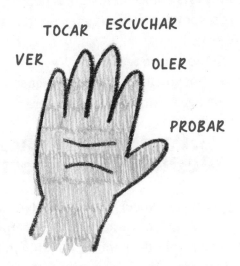

+ 5: identifica 5 objetos a tu alrededor que puedas **VER**.
+ 4: identifica 4 objetos que puedas **TOCAR**.
+ 3: identifica 3 objetos que puedas **ESCUCHAR**.
+ 2: identifica 2 objetos que puedas **OLER**.
+ 1: identifica 1 cosa que puedas **PROBAR**.

EJERCICIO 5 - 7 - 8

Supersencillo: vas a inhalar 5 segundos, sostener la respiración por 7 segundos y exhalar en 8 segundos.

Repítelo cuantas veces creas necesario.

2. Para la planeación

Después de haber tomado esa pausa para respirar, es momento de ver las posibles respuestas que podemos tener ante esta emoción. Tómate el tiempo de analizarlas. Puedes responder las siguientes preguntas:

+ ¿Cómo podría reaccionar?
+ ¿Es funcional esa manera de reaccionar?
+ ¿Me hace sentir bien esa manera de actuar?

3. Para ver la situación desde otra perspectiva

Muchas veces las emociones nos pueden "nublar" el pensamiento. ¿A qué me refiero? Las emociones pueden hacernos reaccionar de maneras un tanto más extremas si no las regulamos de manera adecuada. Ejemplos de esto hay miles. Piensa en esa ocasión en la que (sin querer) hiciste algún comentario sumamente hiriente hacia otra persona. O tal vez en esa ocasión que compraste algo de manera impulsiva porque estabas en estado de éxtasis. Todos hemos pasado por ese tipo de momentos, incluso las celebridades. Hay muchísimos casos en que personas famosas pierden los estribos, pensemos por ejemplo en el caso de Will Smith, que por un arranque de ira literalmente paralizó los premios Oscar y la atención no fue hacia su premio o su gran actuación, sino a la escena que causó por su pobre regulación emocional.

Ver la situación desde otra perspectiva por medio del diálogo con una tercera persona o simplemente reflexionando es una herramienta sumamente útil para prevenir este tipo de arranques emocionales.

Saber regular nuestras emociones nos ayudará a que estas funcionen a favor de nosotros y no en contra.

Al hablar del permitirnos sentir, no puedo evitar recordar algunas de las primeras sesiones que he tenido con consultantes, en donde a los pocos minutos de presentarnos comienzan a caer las lágrimas por su rostro. Cuando esto sucede, lo primero que dicen es algo así como: "Perdón, soy muy llorona", "Perdón, ya empecé".

¿"Perdón" por qué? realmente lo que pasa por mi mente cuando esta situación se presenta no es más que: "Guau, todo lo que llevaba cargando".

Tal vez te ha pasado que estás platicando con alguien sobre algún tema que realmente te duele y al llorar dices frases como: "Perdón", "Qué pena", "Ya sé que no es para tanto, disculpa", "Perdón, tal vez estoy exagerando". A mí sí, muchas veces. Pero he aprendido a ser consciente de que **no debemos disculparnos por sentir.** Realmente, sentir no es algo que podamos controlar. ¡No somos robots! Somos humanos. Las emociones son lo que más nos caracteriza como seres humanos. Abrázalas. Valídalas. No te disculpes por reaccionar de la forma más humana que existe ante el dolor, ante la pérdida, ante las injusticias, ante todos los momentos difíciles.

Pensándolo muy bien, es maravilloso tener la capacidad de sentirlo todo. Lo triste, lo incierto, lo estresante, pero también lo mágico, lo increíble... esos momentos que quisiéramos tatuarnos en el corazón para siempre. Las emociones nos ayudan justo a eso, no solo a reaccionar ante el dolor, sino a disfrutar de los pequeños grandes detalles que nos llenan de vida.

Ahora te toca a ti. Te dejaré una bitácora emocional que puedes arrancar y pegar en cualquier lugar que puedas ver en tu casa. Esto es para que puedas poner en práctica todo lo que platicamos en este capítulo.

Bitácora emocional

+ **Reconoce** tu emoción
+ **Entiende** tu emoción / qué la causó
+ **Etiqueta** cómo se llama esa emoción
+ **Expresa** cómo manifestaste tu emoción (en caso de no haberlo hecho como hubieras querido, pon aquí cómo te hubiera gustado reaccionar)

Bitácora emocional

EMOCIÓN	¿QUÉ LA CAUSÓ?	EXPRESA

*Por amor a mí,
me permito sentir.*

EMOCIÓN	¿QUÉ LA CAUSÓ?	EXPRESA

3
Por amor a mí, abrazo mi oscuridad

Por mucho tiempo vi a mi ansiedad como mi peor enemiga. Era una sensación como cuando vas a tu cocina en la noche, apagas la luz y sales corriendo como si hubiera algo o alguien detrás de ti listo para acabar contigo. Okey, ese ejemplo estuvo algo tétrico. El punto es que era algo que sentía que me respiraba en la nuca y que inevitablemente llegaría, literalmente mi peor enemiga. No podía evitar preguntarme: "¿Hasta cuándo me sentiré de esta forma?", "¿Algún día podré estar en paz?", "¿Existe alguna forma de dejar de pensar?".

Me tomó muuuchas sesiones de terapia con mi psicóloga Yenn entender que eso que tanto me incomodaba, esa ansiedad con la que yo quería luchar hasta el cansancio, no disminuiría hasta que la **escuchara**. Ajá, yo tampoco lo creía hasta que lo hice. Yo pensaba que la ansiedad disminuiría si la ignoraba, y qué equivocada estaba. Caí en cuenta de que yo intentaba justificarme con mi ansiedad. Y para que me entiendas mejor, voy a tratar de explicártelo en un cómic. Te presento a Berta, también conocida como "ansiedad".

MI ANSIEDAD ERA ALGO ASÍ COMO:

¿ESTÁS FELIZ? ¡JA! DISFRÚTALO MIENTRAS PUEDAS. ¡ALGÚN DÍA TODO ESTO SE IRÁ PORQUE TE HAS EQUIVOCADO MUCHAS VECES Y ERES MALAAA! ¡NO MERECES NADA DE LAS COSAS BUENAS QUE TE SUCEDEN!

¡NNNNNN-NO! ¡CÁLLATE! NO VOY A ESCUCHARTE.

¡OYE! ¡OYE! ¡OYE! ¡OYE! ¡OYE! ¡PRÉSTAME ATENCIÓN!

NO TE VOY A ESCUCHAR, TENGO QUE SEGUIR CON MI VIDA.

NO OIGO, NO OIGO, SOY DE PALO, TENGO OREJAS DE PESCADO.

TE ESTOY DICIENDO QUE NO MERECES NADA DE LAS COSAS BUENAS QUE TE SUCEDEN. ¿ME ESCUCHAS? ¡NADAAAA! ¡LO VAS A PERDER TODO! ¡PRÉSTAME ATENCIÓN!

HASTA QUE MUCHO TIEMPO DESPUÉS...

OKEY, ¡YA! ¿QUÉ ES LO QUE EN REALIDAD QUIERES DECIRME?

NUNCA HABÍAMOS TENIDO TANTO...

¿EH?

TRANQUILA, ESTOY TRABAJANDO EN ESO.

YA SABES LO QUE DICEN... "ENTRE MÁS ALTO VUELES, MÁS GRANDE SERÁ LA CAÍDA". ENTIENDE QUE TENGO MIEDO DE QUE TODO ESTO DESAPAREZCA Y NOS LASTIME. NUNCA HABÍAMOS TENIDO ESTA ESTABILIDAD, NUNCA HABÍAMOS TENIDO TAN BONITAS AMISTADES Y NUNCA TE HABÍA VISTO TAN FELIZ. NO QUIERO QUE NADA MALO PASE... SOLO QUIERO QUE LO APROVECHES Y LO CUIDES.

ASÍ APRENDÍ A ESCUCHAR Y ABRAZAR ESTA "OSCURIDAD".

Cuando lo único que yo quería hacer era callarla y hacer como si no existiera, mi ansiedad solo se hacía más grande. Cuando intentaba ignorarla y seguir mi vida, Berta buscaba la forma de quitarme mi paz e incomodarme. Y, ¿sabes qué? Muchas veces lo que tu ansiedad quiere es simplemente que la escuches. Te darás cuenta de que no es tan mala. Después de todo, solo quiere protegerte.

En terapia, mi psicóloga y yo llegamos a una conclusión muy graciosa: la ansiedad es como ese familiar o como esa amistad que es medio imprudente al hablar. Creo que la mayoría de nosotros tenemos a esa persona en nuestra vida que nos hace comentarios un tanto pasivo-agresivos, como: "¿De verdad quieres ponerte eso para salir?", "Uf, te ves terrible, ¿qué te pasó? Ah, solo no te pusiste maquillaje hoy", "¿Por qué te hiciste eso? Me gustaba más antes".

Ya sabes, de esos comentarios que NADIE PIDIÓ y que, en la mayoría de los casos, son bastante imprudentes y generan una sensación de malestar en nosotros. Esos comentarios, que sabes que, muuuy en el fondo, tienen una buena intención, pero son dolorosos o incómodos de recibir. Bueno, he empezado a ver a Berta de esta forma, como esa persona que no sabe comunicarse asertivamente, pero que muy en el fondo solo quiere protegerme, pues Berta en lugar de decir: "Cuida estas amistades porque nunca habíamos sido tan felices", dice algo así como: "No mereces sentir esta felicidad, en cualquier momento se darán cuenta de que eres mala". ¿Me explico? Da mucha luz empezar a escuchar nuestra ansiedad con un traductor y encontrar qué es lo que realmente quiere decirnos con esos pensamientos que nos hacen experimentarla.

Me pongo a pensar qué tan diferentes serían las cosas si desde pequeños aprendiéramos a **escuchar y abrazar** esta "sombra" en lugar de tratar de luchar contra ella. Y es que, al ser una persona que vive con ansiedad, te confieso que en ocasiones me sigue dando miedo escucharme. Qué irónico, ¿no? Somos la persona con la que más tiempo pasamos en nuestra vida y aun así no queremos escucharnos. ¿Por qué será? ¿Por qué tratamos de escuchar a todas las demás personas, menos a quien más nos necesita? Ay, esa ansiedad. Incómoda pero necesaria.

Ahora te toca a ti. Aprenderemos a escuchar y abrazar esta "oscuridad":

SI TU ANSIEDAD PUDIERA SER UN PERSONAJE. ¿CÓMO SE VERÍA? ¿CÓMO SE LLAMARÍA? DIBÚJALO Y NÓMBRALO.

Ejemplo: Berta

¿QUÉ ES LO QUE TE DICE ESTE
PERSONAJE? ¿EN QUÉ TONO Y
DE QUÉ FORMA TE LO DICE?
PONLE UN DIÁLOGO.

¿QUÉ CREES QUE TE QUIERE COMUNICAR? ¿DE
QUÉ QUIERE SALVARTE? ¿QUÉ LE PREOCUPA A
TU ANSIEDAD? RECUERDA EL TRADUCTOR.

SI PUDIERAS HABLAR CON TU
ANSIEDAD, ¿QUÉ LE DIRÍAS?

Ahora sí, vámonos un poco más técnicos. Ya te explico un poco de cómo funciona la ansiedad.

La ansiedad es una respuesta emocional que nos ha permitido sobrevivir con el paso de los años. Es una señal mandada por nuestro cerebro que nos avisa cuando estamos en riesgo. Para esto, necesito explicarte un poco cómo funciona nuestro mecanismo de defensa. Quiero que imagines que estás tranquilamente caminando por un parque y de repente ves a un perro furioso que comienza a ladrarte y a perseguirte.

En ese momento, el hipocampo activa un sistema de alarma en nuestro cuerpo por medio de **señales nerviosas y hormonales.**

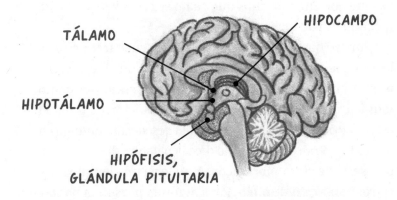

TÁLAMO

HIPOCAMPO

HIPOTÁLAMO

HIPÓFISIS,
GLÁNDULA PITUITARIA

El sistema de alerta avisa a las glándulas suprarrenales, quienes secretan una gran cantidad de hormonas, entre ellas, la adrenalina y la conocida como la *hormona del estrés:* el **cortisol**. La liberación de **adrenalina** incrementa el ritmo cardiaco, provocando que nuestros músculos se tensen y se preparen para correr o pelear, a veces hasta nos pueden dejar congelados. El **cortisol** básicamente lo que hace es seleccionar qué funciones son esenciales cuando estamos en una situación de peligro. Esto hace que básicamente reaccionemos más rápido, pero razonemos menos. Nos hace sentir con ganas de movernos, con el estómago revuelto, sudorosos y hasta algo paranoicos. En pocas palabras, nuestro cuerpo entra en un estado de alerta, llamado también *reacción de* lucha o huida. Usado para describir la reacción que tenemos en situaciones de riesgo, en la que se tiene que decidir si nos quedamos y luchamos, o huimos de la situación.

¿Qué es lo que sucede con la ansiedad? Muchas veces la ansiedad nos pone enfrente situaciones cotidianas y nos dice que estamos en riesgo, activando todo este sistema de alerta, cuando hoy en día hay muchos peligros a los que nos enfrentamos que ya no se resuelven con este mecanismo de *lucha o huida*.

Por eso hay veces que tan solo con escuchar una frase, leer un mensaje, ver a una persona, tener una fecha cerca o estar en cierto lugar, empiezas a tener síntomas como taquicardia, sudoración, mareo, la sensación de tener el estómago revuelto. A esto se le llama *desencadenantes* (o en inglés *triggers*), pues como lo dice la palabra, desencadena una serie de síntomas físicos. Aquí te va un ejemplo muy claro: **hablar en público**. Para algunas personas hablar en público es de lo más sencillo y maravilloso. No sienten ni una pizca de ansiedad, es más, son de esas personas que te dicen: "Me emociona subirme al escenario para poder compartir con miles de personas". Pero para otras personas, como yo, hablar en público genera demasiada ansiedad y el simple hecho de recibir una invitación o de estar cerca a la fecha en la que se dará una plática es un desencadenante de síntomas físicos y psicológicos.

¿Por qué? Porque son situaciones que nuestro cuerpo interpreta como riesgo. El cuerpo humano es maravilloso y muy brillante en muchos sentidos. El cuerpo es capaz de generar vida, de limpiar nuestro organismo y de protegernos ante muchísimas enfermedades, sin embargo, por sí solo no es capaz de lidiar con los síntomas de la ansiedad, pues no sabe identificar un riesgo real a uno "imaginario" o "hipotético".

Ahora, esto es lo que la carrera de Psicología me ha enseñado sobre la ansiedad, sin embargo, quisiera explicártelo de la forma en la que más he disfrutado aprender sobre ella: escuchando y conociendo diferentes puntos de vista de otros expertos. Hay un colega que yo admiro y quiero mucho, el psicólogo David Zendejas, quien ha creído en mí desde el día uno en el que decidí estudiar psicología, y recuerdo que yo siempre acudía a él cuando no entendía algún concepto o cuando necesitaba ayuda con mis tareas. Recuerdo especialmente un día que quería que me explicara con su experiencia como psicoterapeuta qué era la ansiedad. Y él, como buen psicoanalista, me respondió con una frase, SOLO UNA:

La ansiedad es una pregunta sin respuesta.

Siendo supersincera, hice como si le hubiera entendido, pero mi mente estaba en blanco. ¿A qué se refería con que la ansiedad era una pregunta sin respuesta? He de confesar que fue hasta que experimenté la ansiedad que pude entenderlo. Verás, algo que David me ha explicado es que las personas vamos por la vida con frases con las que entendemos al mundo. Frases que llevamos tatuadas en nuestra mente y corazón cual mantra de vida, tales como: "Nunca te rindas", "Para atrás solo para agarrar vuelo", "Todo pasa por algo", "Siempre encuentra el lado positivo de la vida". Frases que suenan lindo, y que probablemente te hayan ayudado en más de una ocasión a encontrar la motivación o el consuelo en algún momento difícil. Frases que las llevamos a cualquier situación de nuestra vida: escuela, trabajo, relaciones interpersonales... Pero ¿qué es lo que pasa cuando mi frase es "Nunca te rindas" y hay veces en las que me tengo que rendir? O ¿qué es lo que pasa cuando tengo que dar algunos pasos para atrás y no precisamente para agarrar vuelo?, ¿qué tal si estoy viviendo una situación tan dolorosa que no puedo encontrarle el porqué o el lado positivo?

Estas pueden ser frases que nos hemos dicho a nosotros mismos, pero también frases que nos han dicho. Por ejemplo, mi mamá, quien siempre me ha apoyado en mis sueños, siempre me ha dicho: "Mi amor, no me importa a lo que te dediques, mientras siempre seas feliz y des lo mejor de ti". Y a ver, viene con tooodo el amor y cariño del mundo, pues en el mejor de los casos, las personas que deciden ser madres nos traen al mundo esperando darnos una buena vida y que seamos felices. Sin embargo, es una frase llena de significado a la que podemos ir tratando de hacerle justicia mientras vamos por la vida. En muchas ocasiones estas frases llegaron en el momento indicado a nuestra vida y nos llenan de motivación, nos impulsan a movernos y a seguir luchando por nuestros sueños y metas, pero ¿qué pasaría si en lugar de tener una **frase** que me impulse y me motive, lo que yo tengo es una **pregunta** con la cual voy entendiendo al mundo? ¿Qué pasaría si en lugar de tener una frase como "Nunca te rindas", yo tengo la pregunta "¿Seré suficiente?"? Una pregunta con la que voy entendiendo el mundo, una pregunta a la cual voy por la vida tratando de hacerle justicia y tratando de contestarla en todos los ámbitos: familiar, interpersonal, laboral, etcétera. Y es que, por más que quiera, no puedo contestar esa pregunta pues, ¿qué es ser suficiente? ¿Quién tiene que decirme que sí lo soy? ¿A quién tendría que preguntarle? Hay preguntas que simplemente no tienen una respuesta y eso causa ansiedad. Una pregunta que me acompaña a donde vaya y que por más que quiera no puedo contestar... eso es la ansiedad. Una pregunta sin respuesta.

Yenn y yo llegamos a la conclusión de que nunca hemos conocido a una persona que diga sentir ansiedad o que presente un cuadro clínico de ansiedad y que no sienta *miedo*.

Usualmente, podemos escuchar frases como: "Pensé que iba a morir", "Solo podía pensar que este sentimiento nunca iba a pasar", pero *spoiler alert*: sí pasa, todo pasa. Aunque en ese momento parezca imposible. Y, como aprendí en mi proceso terapéutico con Yenn, **"todo lo que sientes es temporal y es tolerable"**.

Todas las emociones tienen un objetivo, y así como tienen un para qué, también tienen un inicio, un clímax y un final. Aplica para todas las emociones. Sí, hasta la felicidad tiene un inicio, un punto clímax y un desenlace; y la ansiedad, el enojo, la tristeza, también.

¿Cómo puedo lidiar con la ansiedad?

Una de las preguntas que literalmente todos los días recibo es "¿Cómo puedo lidiar con la ansiedad?", y la respuesta es sencilla, pero a la vez es sumamente compleja, así que vamos a resumir todo lo que se platicó en este capítulo:

1. Permítete sentirlo todo.

No hay emoción "mala" o "buena", solo son emociones y todas vienen a enseñarnos algo. Incluso la ansiedad.

2. Escucha a tu cuerpo.

¿Qué sientes físicamente?

3. Resignifica tu ansiedad.

Escucha a tu *Berta*: ¿Qué es lo que realmente
quiere decirte? ¿Qué es esa pregunta sin respuesta?

4. Come bien, duerme bien y haz algo de ejercicio.

Cuidarnos significa atendernos
por dentro y por fuera.

5. Ve a terapia si está en tus posibilidades.

Es importante conocer nuestros desencadenantes.
La terapia es el camino acompañado que nos dará
herramientas para vivir con nuestra mente en paz.

Si cada vez que sientes que viene la ansiedad tratas de
evadirla, nunca sabrás cómo interpretarla, cómo com-
prenderla y cómo utilizarla a tu favor. Entre más te permitas sentir (por mucho que esto provoque miedo), más
herramientas tendrás para tolerarla. La ansiedad es una
respuesta adaptativa, quiere protegerte. El secreto está
en tratar de resignificarla: escuchar lo que realmente nos
quiere decir.

OJO: por favor, no te autodiagnostiques. Busca ayuda y acude con un profesional de la salud mental si la mayor parte del tiempo y casi todos los días sientes:

+ Nervios o agitación excesivos
+ Fatiga
+ Dificultad para concentrarte
+ Irritabilidad
+ Tensión muscular
+ Trastornos de sueño (dormir mucho más o mucho menos de lo habitual)

Fuente: Diagnostic and Statistical Manual of Mental Disorders (DSM-5), quinta edición.

Por amor a mí, abrazo m oscuridad.

Carta para ti, que día con día te enfrentas a tu ansiedad

No creo que te des cuenta de lo valiente
que eres, pues todos los días te levantas a
luchar con los mismos miedos que te dejaron
completamente exhausta/o el día anterior.
Eres tan valiente que te permites sentirlo
todo: lo incómodo, lo incierto, pero también
lo maravilloso. Eres tan valiente que, aun en
esos días oscuros, encuentras algo de luz.

Por favor, no permitas que los pensamientos
intrusivos apaguen tu chispa y cambien
tu esencia, sigue siendo ese ser valiente y
permítete sentirlo todo. Te darás cuenta de
que esta ansiedad que tanto te atormenta,
realmente lo que quiere es protegerte. Y, ¿sabes
qué?, esos pensamientos intrusivos que te
repites en tu mente que te dicen que no eres
suficiente, que no vales la pena, que eres una
carga, no son reales. Porque tú siempre has
sido suficiente, siempre serás suficiente.

Déjame decirte que no eres débil por necesitar
tiempo. No eres menos valiosa/o por decidir
dar un paso hacia atrás y empezar de nuevo.

Abrázate especialmente en estos momentos.
Abraza esta ansiedad que te acompaña.
Sé que al principio puede parecer un
monstruo que se presenta cuando sientes
alguna chispa de felicidad, pero no le
temas, pues de algo quiere protegerte.

Respira profundo, todo pasa.

Vas bien, estás haciendo lo que puedes.

Abrázate ahora, pues es en estos
momentos cuando más te necesitas.

Ahora te toca a ti. Es momento de agradecerte y reconocerte todo ese esfuerzo que haces día con día:

Ejemplo:
Te agradezco por el esfuerzo que hiciste
al haberte levantado esta mañana.
Admiro tu resiliencia.
Te agradezco por haber buscado ayuda.

Luego escribe un mensaje que crees que podría ayudarte en algún momento difícil. Ponlo en tu cartera, en tu habitación, en tu carro o en cualquier lugar donde lo puedas tener a la mano.

TE AGRADEZCO:

RECUERDA:

TE AGRADEZCO:

RECUERDA:

4

Por amor a mí, me permito sanar

Todos tenemos una historia, todos tenemos un pasado, lesiones y cicatrices. Pero creo que pocas veces hablamos de eso tan incómodo que nos lastima: **las heridas.** Hay distintos tipos de heridas, algunas están expuestas, otras están en proceso de cicatrización, algunas son pequeñas y otras un poco más profundas. Pero todas y cada una de ellas siguen siendo heridas y requieren algún tipo de atención.

¿Cuáles son las diferentes formas de tratar una herida?

Ignorarla.

Básicamente, taparla con un curita y hacer como si nada hubiera sucedido. Para esto solemos decir frases como: "Eso no me afecta", "Todo está perfecto", "No importa", "No pasó nada", "No quiero hablar sobre eso". Y lo único que hacemos con todo esto es *invalidar* nuestra herida y el dolor que nos ocasiona. Déjame decirte que el hecho de que nosotros estemos invalidándola y haciendo como que no existe no quitará la molestia ni el dolor. Al contrario, como sucede con las heridas físicas, si tapamos una herida sin tratarla, tarde o temprano, la herida podrá sangrar de nuevo o infectarse.

Sobredimensionarla.

Cuando nos ponemos a investigar de más en internet. No sé si te ha pasado, pero yo he entrado a Google para buscar qué es lo que ocasiona una migraña y he salido pensando que me voy a morir en cualquier momento. Vivimos una era de sobreinformación, a todo le tenemos un nombre. Ahora, si sentimos algo de cansancio le llamamos *burnout* o cansancio emocional; cuando una persona muestra signos de prepotencia, automáticamente es diagnosticado (por personas que no estudiaron para ser profesionales de salud mental) como una "persona narcisista". A veces, sucede que esta sobreinformación nos impide

escucharnos realmente.
Nos impide darnos el tiempo que necesitamos.
Al igual que en las heridas físicas, cuando no
damos el tiempo que necesitan las heridas para
sanar, estamos atrasando el proceso de cicatrización.
A veces, necesitamos tiempo para sanar, regálatelo.

Minimizarla.

Para esto solemos decir frases como:
"No fue nada, hay personas que la están pasando
peor", "Estoy bien, tengo que ser fuerte",
"No es importante, no tienes que preocuparte
por mí", "Ya fue hace mucho tiempo, ya no
me afecta". ¿Sabes? Muchas veces tendemos
a minimizar nuestras heridas porque "otras
personas atraviesan situaciones más difíciles
que nosotros" o porque "ya deberíamos
haberlo superado", pero tu dolor es válido.
No importa qué fue lo que ocasionó esa herida, tu
dolor es válido. No importa cuánto tiempo lleva
sangrando, tu dolor es válido.
No tiene importancia qué tanto duele esa
herida, tu dolor es válido. No existe un "umbral
de trauma" que determine cuándo sí y cuándo
no deberíamos sufrir por alguna situación.
Tendemos a minimizar las heridas por comparar
nuestra historia con la de otros. Olvidamos que
nuestra historia no debe ser comparada con la de
otras personas, pues no todos interpretamos las
situaciones de la misma manera y está bien, es lo
rico de ser seres humanos, que somos únicos.

Entonces, ¿cómo puedo tratar mi herida?

Podemos tratarlas igual como tratamos las heridas físicas:

Analiza.

¿De dónde viene? ¿Qué fue lo que me lastimó?

Limpia.

Permítete sentir todo lo que tengas que sentir, "limpia" la herida por medio de explorar qué emociones te hace sentir. Nómbralas y concédete el permiso de sentirlas.

Dale tiempo.

Sanar toma tiempo. Así como las flores no florecen de un día al otro, tampoco nosotros. Muchas veces necesitamos tiempo para permitirnos procesar lo vivido, para ver si necesitamos tomar acciones o movernos de ese lugar que nos pudo haber lastimado.

La naturaleza de tus heridas y el origen de las mismas no son tu culpa, pero sí es tu responsabilidad cuidar de ellas. Recuerda que el hecho de que ya hayamos sanado (o estemos en proceso de) no significa que la herida no pueda volver a doler algún día.

Claro, el hecho de que ya hayas analizado, limpiado y le hayas dado tiempo de sanar a tu herida no significa que nunca más vaya a doler. Es válido y no te hace "débil" aceptar que hay algunas cicatrices que siguen doliendo, te hace humano.

Como dice Coldplay, mi banda favorita, en su canción "The Scientist": "*Nobody said it was easy*" (Nadie dijo que sería fácil).

Sanar duele y duele mucho. El proceso de amarnos es doloroso y, contrario a lo que se piensa, no es todo color de rosa. Creo que el término *amor propio* está sumamente romantizado y podemos llegar a confundirlo con el autocuidado. A muchas personas, al pensar en "amor propio", se les vienen a la mente imágenes de personas haciéndose un facial, poniéndose una mascarilla, comiendo algo delicioso, viajando a ese lugar que siempre soñaron o prendiendo una vela rica... pero muy pocas personas saben que eso es *autocuidado*, no amor propio. Y es que este último puede llegar a ser bastante doloroso. Duele darnos cuenta de que existen partes de nosotros que no nos gustan. Duele revivir esos momentos que nos lastimaron, para poder sanarlos. Es doloroso *reaprender* conductas y hacer conscientes los patrones con los que crecimos para no repetirlos. Creo que no se habla lo suficiente de esto. Muchas veces podemos pensar que es un proceso lineal, como se muestra en esta imagen:

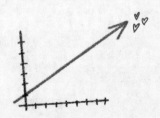

Cuando en realidad sanar es algo más bien así:

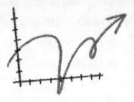

Y se vale, y está bien. Está bien si tienes retrocesos, esos son parte del proceso también.

Quiero compartirte un poco sobre mi proceso de sanar, pues no ha sido todo miel sobre hojuelas. He tenido el privilegio de iniciar un proceso terapéutico con Yenn desde hace más de un año, quien realmente me ha ayudado a vivir mi vida con más paz y a navegar por la vida con más tranquilidad. Te comparto que 2022 fue un año con cosas maravillosas, pero también lleno de tormentas internas. No quisiera llamarle "batallas internas" porque aquí no hay un ganador o perdedor. Simplemente fueron tormentas que tuve que sobrepasar mucho tiempo en silencio, hasta que pedí ayuda. ¿Sabes? No tenemos que sobrepasar los momentos de oscuridad en soledad. Por mucho tiempo pensé que al comunicar mis tormentas iba a nublar u oscurecer la vida de las personas que me rodean, y realmente estaba muy equivocada. Lo único que ocasionaba esto era que yo me aislara por completo de la vida de las personas que me tienen afecto y el aislamiento no ayuda a nuestra pronta recuperación. No tienes que enfrentar tus tormentas en soledad.

Existe algo en la psicoterapia llamado relaciones terapéuticas definido como "una negociación intersubjetiva en la que a través del discurso que se establece entre terapeuta y paciente se va construyendo-reconstruyendo el binomio salud-enfermedad".[1] En pocas palabras, **es esa relación que tenemos con nuestro terapeuta que favorece nuestro progreso en la terapia.**

Desde que estudié psicología, este concepto era lo único que yo conocía como relación terapéutica. Sin embargo, al empezar todo este proceso de sanar, aunque he estado aprendiendo a reconocer mis logros, creo que existen seres que han sido clave para que yo haya encontrado la calma dentro de la tormenta. Claro, mi terapeuta, mi familia, mi pareja y mis amistades tomaron un papel importantísimo. Sin embargo, hablo de esos seres que con un abrazo te hacen sentir que sin importar lo que suceda allá afuera vas a estar bien. Seres que al verte se ponen extremadamente felices, como si te hubieran estado esperando toda la vida. Seres que son la muestra más pura de amor y lealtad. Ese ser para mí se llama Conchita.

Conchita es mi compañera perruna. Ella es una extraña combinación entre un pequeño golden retriever, amor puro y alguna otra raza perezosa. La adopté en octubre de 2019 mientras yo, sin saberlo, estaba pasando por lo que sería mi primer episodio depresivo. La conocí en mi universidad, caminando hacia mi salón de clases. Verás, mi universidad ocasionalmente les permite a algunas fundaciones que rescatan a perritos y gatitos asistir para que más personas conozcan a los seres que tienen en adopción, con la esperanza de encontrarles un hogar a todos.

1 R. Vidal Blan, J. Adamuz Tomás y P. Feliu Baute, "Relación terapéutica: el pilar de la profesión de enfermería", Enfermería Global, núm. 17, octubre de 2009.

Por alguna extraña razón ese día yo llegué y pregunté por una hembra, y me dijeron que por la hora (ya era la 1:00 p. m. y llevaban ahí desde las 10:00 a. m.) ya habían adoptado a todas las hembras cachorritas y solamente les quedaba una hembra de aproximadamente cinco años con cataratas en un ojito y con rastros de sarna en su piel... Se referían a Conchita. La vi y no pude evitar llevarla conmigo. Desde ese entonces somos inseparables.

Al pasar por ese episodio depresivo, Conchita me motivaba a levantarme todos los días, me emocionaba llevarla a conocer diferentes lugares. Cuando no quería hacer nada más que estar acostada, ella me acompañaba. Cuando sentía un vacío por las noches, Conchita se ponía en mi pecho y dormía conmigo. Llegar a casa y que Conchita estuviera feliz de verme, eso me sanó. Al comenzar la pandemia, cuando todo se veía oscuro y las redes sociales no paraban de bombardearnos con malas noticias, ahí estaba ella, sin tener idea de lo que estaba pasando, pero feliz de que ahora podríamos estar juntas todo el día. Sentirla en mis pies mientras tomaba una clase en línea, ver series y estudiar juntas, eso me sanó. En el 2022, cuando empecé a experimentar síntomas insoportables de ansiedad, había ocasiones en las que lloraba por horas y sentía taquicardia desde que empezaba a despertarme, abría los ojos, y ahí estaba ella, esperando para que la acariciara. Cuando la ansiedad me hacía pensar que todo podría irse al carajo, sabía que sin importar qué, con ella nada cambiaría. Abrazarla mientras lloraba en mis sesiones de terapia, eso me sanó.

Las mascotas realmente juegan un papel primordial en nuestra salud mental y en nuestra recuperación. De acuerdo con los National Institutes of Health (NIH), grupo de instituciones del gobierno de Estados Unidos dedicado a la investigación médica, las mascotas pueden disminuir el estrés y la sensación de soledad, mejorar la salud del corazón e, incluso, ayudar a los niños con sus habilidades emocionales y sociales.

No tenemos por qué atravesar todas nuestras tormentas internas en soledad. No tenemos por qué sanar solos. El acompañamiento sana. Cuántas veces hemos escuchado que para poder amar a otras personas es necesario e importante que uno esté completamente sano. En la mayoría de los casos no sucede así, y está bien. Podemos sanar mientras estamos en una relación amorosa. Podemos sanar acompañados.

Cuando hablamos de sanar, me he dado cuenta de que existen relaciones que son terapéuticas que no incluyen solamente al terapeuta, sino a otros seres y personas que forman parte de nuestras vidas. Hay personas que son nuestros salvavidas cuando la marea es tan alta que no podemos nadar, personas que son un abrazo al alma. Todos hemos conocido o tenemos a una persona salvavidas en nuestra historia. Muchas veces son personas que ni se imaginan el impacto tan grande que tienen en nuestras vidas. Valdría la pena decírselos, pues nunca sabemos si un comentario, una mirada o una sonrisa pudiesen cambiar la vida de alguien.

Es probable que tú
tampoco tengas idea
de cuántas vidas
has impactado de
una u otra forma.
Te sorprendería
saber quién está
viendo tu camino y
le está resultando
de inspiración.

Este tema me recuerda una historia que mi papá me contaba de pequeña. Es la historia de Garrick, inspirada en un poema del escritor Juan de Dios Peza.

Había un hombre que, al sentirse por completo abatido, decide ir con uno de los mejores médicos. El hombre se sienta en el consultorio y le cuenta al doctor que todo lo que le pesa por dentro —el vacío, el hastío, la falta de rumbo— lo turban por completo y afectan desde sus horas lúcidas hasta su sueño. El médico lo escucha en silencio, con una seria tranquilidad, mientras el hombre le cuenta que no encuentra más ganas de seguir viviendo.

Cuando por fin interrumpe, le sugiere que se vaya de viaje y así descubra todo lo que el mundo y la vida tienen para ofrecer, pero el hombre le contesta que ya ha conocido las ciudades más bellas y el desasosiego no lo abandona. El doctor, seguro de sí mismo, le sugiere gozar de amoríos que le causen ciertas emociones, pero el hombre le asegura que tiene una familia amorosa compuesta por su esposa e hijos y eso no logra cambiar su sentir.

Continuaron con las sugerencias durante un largo tiempo, lapso en el que el hombre pudo abundar en su decaído ánimo, los sueños turbios, la sensación de no ser él mismo, la incapacidad de limitar su dolor y la impresión de que la vida comenzaba a carecer de sentido. El médico se mantuvo paciente, sentía una simpatía por el hombre que a su vez no dudaba de su capacidad.

Tras más horas de charla, al médico se le ocurre algo y le sugiere:

—Esta tarde, en el teatro Garrick, se presenta un hombre en verdad gracioso. Todo mundo sale sonriente de sus funciones. Yo tengo una entrada ya. Ánimo, seguro que eso funciona.

El paciente responde:

—Doctor, yo soy Garrick.

Esta historia nos enseña que "caras vemos, corazones no sabemos". O, como me gusta decirlo a mí: *Caras vemos, historias no conocemos*. Nunca sabemos qué es lo que está pasando en la vida de las demás personas. No andamos por la vida diciéndole a todo el mundo nuestros pesares, y fingir que la herida no nos duele, duele el doble. Muchas veces lidiamos con tormentas internas, y en ocasiones no es suficiente contar con seres o personas "terapéuticas", a veces necesitamos ayuda profesional y, ¿sabes?, eso no te hace débil.

Siempre he pensado que la terapia no es para cualquiera, pues además de que el asistir con un profesional de la salud mental sigue siendo un privilegio en nuestra época, muy pocas personas quieren conocerse realmente. Siendo honestos, puede ser muy abrumador ir a contarle tus más grandes miedos y confiar toda tu historia a una persona completamente desconocida, ¿o me equivoco? Puede ser aún más abrumador asistir a un lugar para conocer partes de ti que realmente no sabías que existían. Para mí, lejos de ser un acto de cobardía o un signo de debilidad, es todo lo contrario. Así como te he mencionado que sentir es el más grande acto de valentía, también lo es el decidir sanar. No cualquiera tiene la valentía para conocerse, enfrentarse y reconciliarse con uno mismo. Y eso sí que es amor propio. **Permitirte sanar, eso es amor propio.**

Resumen

El proceso de sanación debería empezar por estos puntos:

1. Analiza tu herida y acéptala.

¿De dónde viene? ¿Qué fue lo que me lastimó?
Acéptala como parte de tu historia.

2. Limpia.

Permítete sentir todo lo que tengas que sentir,
"limpia" la herida por medio de explorar
qué emociones te hace sentir. Nómbralas
y concédete el permiso de sentirlas.

3. Dale tiempo.

Sanar toma tiempo. Así como las flores no
florecen de un día al otro, tampoco nosotros.
Muchas veces necesitamos tiempo para
permitirnos procesar lo vivido, para ver si
necesitamos tomar acciones o movernos de
ese lugar que nos pudo haber lastimado.

4. Rodéate de seres salvavidas.

Las mascotas ayudan muchísimo
a nuestra salud mental.

5. Sé más compasiva/o.

Esto no es solo con nosotros, sino con todas
las personas que nos rodean que día con día
lidian con problemas que no conocemos.

Por amor a mí, me permito sanar.

5

Por amor a mí, establezco límites emocionales

Desde la infancia, a menudo se nos enseña a moldearnos para que las personas que nos rodean se sientan cómodas. A veces, este mensaje está implícito como en las normas sociales o en los códigos de vestimenta en las escuelas y en las empresas. Otras veces es más explícito, como cuando nos obligan a saludar de beso a nuestros familiares, pues de no hacerlo "no tienes modales".

No debería sorprendernos que a algunos de nosotros nos resulte difícil definir y establecer límites saludables a medida que crecemos. No queremos ofender ni lastimar a otros, incluso cuando eso signifique lastimarnos o incomodarnos a nosotros mismos. Nos han enseñado desde una edad temprana a anteponer los sentimientos de los demás a nuestras propias necesidades, hasta el punto en que muchos de nosotros decimos "Sí" cuando queremos decir "No". Muchas veces lo hacemos por costumbre, o para evitar cualquier tipo de interacción incómoda. Nos preocupa que al establecer un límite, no estemos siendo buena amiga, buen hermano, buena madre... ¿Te suena familiar?

Una colega que quiero y admiro mucho me explicó un día que las personas somos como un río, y para que un río siga avanzando y fluyendo, es importante que tenga límites. Lo mismo pasa con nosotros. Para que podamos seguir avanzando, es fundamental establecer límites emocionales, pues ¿qué sucede cuando un río no tiene límites? Se desborda. Al igual que un río, las personas podemos desbordarnos. Te comparto una de mis metáforas favoritas para poder entender la importancia de los límites.

Imagina que estás en un castillo con una puerta gigante guardando la entrada. A este castillo lo rodea una fosa llena de cocodrilos y para cruzar la fosa hay un puente levadizo que puede estar abajo o levantado.

Si mantienes la puerta gigante de la entrada abierta y sin llave, y el puente levadizo abajo, cualquier persona es libre de entrar, de quedarse el tiempo que quiera y hacer lo que quiera en tu castillo. Por el contrario, si mantenemos la puerta principal con llave y el puente levadizo arriba siempre, vas a terminar completamente aislado y sin la posibilidad de cruzar al otro lado para conectar con otros.

La clave está en establecer un perfecto punto medio para ti. ¿Qué es lo que se siente bien para ti? El límite más saludable sería que se pudiera abrir y cerrar la puerta, que se pudiera subir y bajar ese puente dependiendo de las personas y las circunstancias. No se trata de pasar de un extremo al otro, sino de poder poner las condiciones nosotros.

¿Qué son los límites emocionales?

Los límites emocionales son simplemente las líneas que trazamos para nosotros mismos en términos de nuestro nivel de comodidad con los demás. ¿Qué tanto tolero? ¿Qué tanto permito? Usualmente, tienen que ver con el contacto físico, interacciones verbales, espacio y tiempo personal. Los límites emocionales se han convertido en algo fundamental y en uno de los objetivos que no pueden faltar en la psicoterapia. **En ocasiones es muy difícil establecer límites, pero es mucho más difícil vivir una vida sin ellos.**

Entre los diferentes tipos de límites existen los físicos, los personales, los laborales, los amorosos y aquellos con familiares. Son estos dos últimos sobre los que te quiero hablar en este libro.

Pero ¿por qué es tan difícil establecer límites? En muchas ocasiones no ponemos límites por el miedo a no tener la aprobación de los demás, miedo a la soledad, miedo al rechazo o a tener la etiqueta de personas frías o egoístas, miedo a que las relaciones cambien o a lastimar a quienes queremos.

Límites amorosos

"OKEY, PUEDE QUE ESTA PERSONA TE HAYA HABLADO HORRIBLE Y TE HAYA LASTIMADO, PERO TÚ SABES CÓMO TE QUIERE".

"MIJITA, TÚ SABES QUE ASÍ SON LOS HOMBRES, ELLOS TIENEN NECESIDADES, HAY QUE ENTENDER ESO".

"NO IMPORTA QUE TE HAYA LEVANTADO LA VOZ DE ESA FORMA, ACUÉRDATE DE QUE EL VERDADERO AMOR TODO LO PUEDE".

Cuando hablamos de los límites en el amor, me refiero a todos aquellos que establecemos cuando estamos en una relación amorosa o cuando estamos teniendo algún tipo de contacto de tipo amoroso con otras personas. Es difícil establecer un límite porque vivimos idealizando al amor, pensando que "el amor todo lo puede", "el amor duele" y que "el verdadero amor lucha contra todo y es incondicional". Pero ¿qué tal si el amor más sano es el que SÍ tiene ciertas condiciones y ciertos límites? Idealizamos el sufrimiento. Como dice la psicóloga Valeria Sabater:

> **El amor incondicional como sentimiento es real, lo sabemos. Sin embargo, hay que esculpirlo de forma artesanal para que se adecue a nuestra relación, para hacerle entender que en materia de afectos, los límites y las condiciones son necesarios. Y esto se aplica también en la crianza y la educación.**

Límites con familiares

"ES PARTE DE TU FAMILIA, ¿CÓMO QUE NO VAS A SALUDAR DE BESO?".

"YA SABES CÓMO ES, POR FAVOR QUE EN ALGUIEN QUEPA LA PRUDENCIA".

"¡PERO CÓMO VAS A ALEJARTE DE LA FAMILIA! LA FAMILIA ES LA FAMILIA".

Es difícil establecer límites en el amor porque crecimos escuchando frases como: "El hombre llega hasta donde la mujer lo permite". ¿Te das cuenta? Por un lado, teníamos esta información de que, para que la gente nos quisiera, debíamos dar, dar sin esperar nada a cambio, "amar sin condiciones". Por otro lado, éramos las mujeres las que teníamos que poner límites. Pensábamos que teníamos que ganarnos el respeto para que otras personas pudieran respetarnos.

¿Alguna vez has escuchado alguna de estas frases? Porque yo sí, y cómo batallo, pues es la familia, y "a la familia se le tolera todo". O, ¿no?

Poner un alto a las actitudes que nos afectan, decir "No" cuando realmente no queremos hacer algo, alejarnos de personas cuando nos hacen daño. Estos son algunos límites que, por más necesarios que sean, son increíblemente difíciles de establecer. En especial, cuando hablamos de familiares, o seres muy cercanos a nosotros.

Déjame decirte que las cosas no tienen que ser así. A veces, tenemos la idea de que como nuestra familia nos ha dado mucho, le debemos todo. Incluso si eso significa darle nuestra paz mental. Y aunque claramente vivimos en una sociedad en la que es complicado establecer límites, es mucho más difícil vivir una vida en la que no se respeten tus deseos, tus necesidades, tus valores y creencias.

Un claro ejemplo de los límites familiares se puede ver en cuanto a la crianza. Claro, podemos querer a nuestros hijos de manera infinita, profunda y apasionada, sin embargo, esto no significa que puedan actuar como deseen o que los chantajes y demandas excesivas estén permitidos.

En las relaciones no
todo vale, aunque el
amor esté presente.
Porque en la sana
convivencia debe
haber normas y
límites que respetar.
Eso no significa
que dejemos de
amar a las personas
que nos rodean.

Desafortunadamente, la familia también puede hacernos daño, y déjame decirte que solo porque sea tu familia no significa que tengas que tolerarlo. Por más duro que suene, el hecho de que tu familia te haya dado mucho no significa que tengas que devolverlo, en especial, si sientes que tus límites no son respetados o si tu relación con tu familia es algo que te hace daño. Se vale darte tu espacio y se vale poner límites. Pero te aclaro, es importante la forma en la que los establecemos.

Si eres una persona que establece límites, sabrás que una de las cosas más difíciles al hacerlo, es ver cómo tu círculo social se hace más y más pequeño. Es difícil rodearse de personas que sepan respetar tus límites, sobre todo en Latinoamérica. Es increíble cómo se nos dificulta (a la mayoría de los latinos) decir "No" así, a secas. ¿Lo has notado? Conozco a muuuy poca gente que realmente dice: "No, no se me antoja salir hoy". Siempre buscamos excusas o explicaciones y ¿sabes? No tenemos que darle explicaciones a nadie. Somos seres libres de decidir qué hacer con nuestro tiempo y nuestra vida.

¿Cómo hago para establecer límites emocionales claros sin lastimar a terceras personas?

Lo primero que tienes que saber es que el establecer un límite NO significa que dejes de amar a las personas. Al contrario, es una forma en que pueden relacionarse desde el respeto.

Aquí te dejo una guía básica para establecer límites en tres pasos:

1. Identifica el límite que quieres establecer.

Te invito a que te cuestiones:

¿Qué tipo de límite es? ¿Es un límite que quiero establecer en cuanto al contacto físico, interacción verbal, espacio personal, mi tiempo u otro?

¿Con quién estableceré ese límite? ¿Con mi pareja?, ¿un miembro de mi familia?, ¿un conocido?, ¿un desconocido?, ¿mi jefe?

¿Qué es eso que me hace sentir incómodo/a?

¿Por qué eso me incomoda?

¿Cuáles son mis negociables y mis no negociables? Tus *negociables* son esas acciones en las que puedes ser flexible, por ejemplo: puedo negociar con mi pareja el tiempo que pasamos con nuestras respectivas familias; puedo negociar con mi familia cuáles son las tareas del hogar o qué tan frecuente tendremos reuniones familiares; puedo negociar con mis amigos qué plan haremos o cuánto tiempo estaré en la fiesta. Tus *no negociables* se refieren aquello en lo que no puedes o no quieres ser flexible, por ejemplo: yo no negocio el respeto, eso es algo que en mi opinión no puede faltar, no voy a negociar si hay o no respeto; otro ejemplo de un no negociable podría ser la limpieza del hogar.

2. Comunica tu límite.

Como tú sabes, hay cosas que podemos controlar
y otras cosas que no. Aquí un ejemplo:

SÍ PUEDES CONTROLAR	NO PUEDES CONTROLAR
LO QUE DICES	LO QUE OTRAS PERSONAS DIGAN
TUS INTENCIONES	LAS INTENCIONES DE OTRAS PERSONAS
TUS ACCIONES	LAS ACCIONES DE OTRAS PERSONAS
TUS DECISIONES	LAS DECISIONES DE OTRAS PERSONAS

Aquí tu única responsabilidad es comunicar de manera
asertiva tus necesidades. No es tu responsabilidad la forma
en la que otras personas reaccionarán ante esto que tú
decidas comunicar. OJO: claro que es importante cuidar
la forma en la que nos comunicamos, pero realmente no
es nuestra responsabilidad la forma en la que las demás
personas vayan a reaccionar.

Seguro has escuchado de una técnica llamada El sánd-wich o el Más, menos, más (+ - +). ¿Cómo funciona esto? Supersencillo.

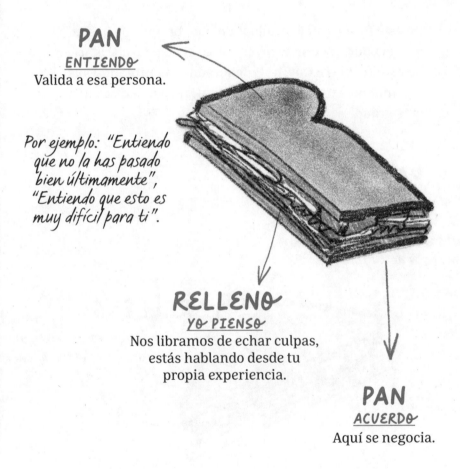

PAN
ENTIENDO
Valida a esa persona.

Por ejemplo: "Entiendo que no la has pasado bien últimamente", "Entiendo que esto es muy difícil para ti".

RELLENO
YO PIENSO
Nos libramos de echar culpas, estás hablando desde tu propia experiencia.

PAN
ACUERDO
Aquí se negocia.

Te lo explico con un ejemplo. Imagina que el límite que yo quiero establecer es el tiempo que quiero pasar en una reunión familiar y quiero comunicárselo a mi mamá. Yo podría decir algo así como:

→ Cómo sugiero NO hacerlo

"Mamá, ¿qué parte de que no quiero ir no está quedando claro?
¡NO QUIERO IIIIIR Y PUNTO!".

De esta forma estoy invalidando por completo lo que mi mamá podría sentir. Estoy faltando al respeto al gritarle de esta forma. Estoy, potencialmente, lastimando sus sentimientos y estoy abriendo la puerta a una discusión más grande.

PAN

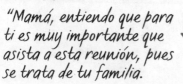

"Mamá, entiendo que para ti es muy importante que asista a esta reunión, pues se trata de tu familia.

RELLENO

Sin embargo, me siento incómoda estando ahí por tanto tiempo.

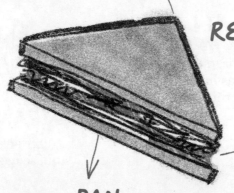

PAN

¿Qué te parece si asisto solo una hora?".

—> Cómo sugiero hacerlo

¿Te das cuenta de la diferencia? Estoy validando que para mi mamá es importante que asista a esa reunión, estoy estableciendo mi límite al decir que no me gustaría asistir por tanto tiempo y estoy facilitando el diálogo para llegar a una negociación, a un punto medio.

Esta técnica facilita tooodo el proceso de establecer un límite y puede ser utilizada con parejas amorosas, familiares, amigos y compañeros de trabajo.

3. Establece las consecuencias de que tu límite no sea respetado.

Este punto es fundamental. Muchas veces podemos lograr establecer un límite, pero vemos que *eso* que nos incomoda se repite. Por ejemplo: imagina que hablando con una amistad le mencionas que te molesta cuando platica a terceras personas tus secretos. Tú le comunicas esto de forma asertiva diciendo: "**Entiendo** que la amistad que tú y yo tenemos es muy especial y que quieras compartir un cachito de esta con otras personas, sin embargo, **me molesta** que platiques las intimidades que yo te he confiado con tanto cariño, **¿qué podemos hacer para que esto no se repita?**".

Ahora, imagina que tú y tu amistad llegan a un acuerdo... pero al poco tiempo la conducta que te incomoda se repite. ¿Qué es lo que se puede hacer en estos casos? La respuesta es algo que puede llegar a ser muy complicado, pero necesario al establecer límites: establecer **consecuencias**.

No importa cuánto nos amen las personas, sino cómo nos amen.

¿A qué me refiero? Es fundamental que, en el momento en que estemos marcando un límite, establezcamos también cuál será la consecuencia de que el límite no se respete. Algunos ejemplos de consecuencias pueden ser: "Si me vuelves a hablar de esta forma, tendré que retirarme", "Si esto que te platico que me lastima vuelve a suceder, voy a tener que tomar mi distancia".

¡Benditos límites! Es maravilloso poder darte cuenta de que aunque no podemos controlar lo que otras personas nos dicen, sí podemos decidir qué hacer con esa información. Hay una frase que compartió la comunidad We the Urban (@wetheurban) que me encantaría mencionarte: "No podemos cambiar a la gente, pero sí podemos cambiar nuestra proximidad, nuestras reacciones y los límites que establecemos a estas personas".

Da mucha luz poner un alto y ponernos primero, pero también, en muuuchas ocasiones puede llegar a surgir un sentimiento de culpa por haber tomado la decisión de establecer un límite. Hablemos sobre esto.

¿Cómo soltar la culpa de establecer límites? A veces, pasamos mucho tiempo preguntándonos: "¿Qué es lo que pensará el otro?", "¿Cómo se sentirá la otra persona?", "¿Cómo reaccionarán otras personas?", "¿Qué pensarán de mí?". Y claro, es válido. Pero ¿qué es lo que piensas tú? ¿Qué sientes tú? ¿Cómo esto te afecta a ti?

Aquí te van tres recomendaciones para soltar (poco a poco) la culpa de establecer límites:

1. Permítete sentir.

Es completamente válido sentir culpa después de establecer un límite. Tendemos a reprimir nuestras emociones intentando ser "amables" e intentando mantener la paz. Permítete sentir lo que tengas que sentir: frustración, enojo, tristeza, culpa. Recuerda que todas las emociones funcionan como mensajeras que quieren comunicarnos algo; sepamos escucharlas.

2. Recuerda los beneficios que este límite podrá traer a tu vida y cómo mejorará tus relaciones interpersonales.

Establecer límites es difícil, pero vivir una vida sin límites lo es más. La mayoría de las personas pasamos tanto tiempo pensando en lo que podría salir mal que se nos olvida voltear a ver las ventajas de tener relaciones más sanas y auténticas.

3. Establece el límite con asertividad.

Especialmente, si estamos estableciendo el límite con una persona a quien le tenemos un gran afecto, la asertividad puede ayudarnos mucho a mejorar nuestra comunicación, a facilitar nuestras interacciones sociales y a disminuir el estrés.

Podríamos definir la asertividad como esta capacidad de defender nuestros límites sin agredir a terceros. Recuerda la técnica del sándwich.

Reconocer que existen los límites emocionales no implica que dejemos de amar a las personas que nos rodean, sino aceptar la posibilidad de modificar la relación en un sentido positivo o de tomar decisiones importantes, como alejarse de los lugares que nos hacen daño.

Ahora te toca a ti. Establece tus límites:

¿CUÁL ES EL LÍMITE QUE QUIERO ESTABLECER?

NEGOCIABLES

NO NEGOCIABLES

2. ¿CÓMO VAS A COMUNICAR TU LÍMITE?

3. ¿CUÁLES SERÁN LAS CONSECUENCIAS DE QUE NO SE RESPETEN TUS LÍMITES?

"Claro que es difícil establecer límites, pero es muchísimo más difícil vivir una vida sin límites".[1]

Por amor a mí, establezco límites emocionales.

1 S. Azuz (invitada), "¿Cómo establecer límites con la familia?", en *Alma y Psicología. Pódcast con Alma Lozano*, episodio 43, 13 de abril de 2022. <https://www.youtube.com/watch?v=Uye5DAprQyw>.

6

Por amor a mí, me perdono

Un día despiertas y todo es diferente.

La alarma no para de sonar, pero tú no puedes levantarte, no porque no quieras, sino porque tu cuerpo no te lo permite. Te lastima la luz que entra por la ventana. Automáticamente, vienen a tu mente pensamientos intrusivos a recordarte lo incapaz que eres, lo endeble que eres, lo débil que eres por no poder ni pararte de tu cama.

Después de luchar contra tu mente por unos minutos que se sienten como cinco inviernos, te levantas e intentas hacer lo que por lo regular haces, con la diferencia de que ahora tienes una voz acompañándote, que no para de recordarte todos esos miedos que cargas. Esta sensación no te permite trabajar como usualmente lo haces, empiezas a aislarte de tus amistades más cercanas y te das cuenta de que nunca te habías sentido en tanta soledad.

Intentas de todo para poder sentirte mejor. Tratas de regresar a hacer eso que te encantaba, pero descubres que perdiste por completo el interés. Vas a terapia, vas a hacerte exámenes de sangre para ver si hay alguna explicación biológica de lo que te está pasando y... nada. El doctor dice que *todo está perfectamente bien*, pero él no sabe que no puede estar más lejos de la realidad. Y en ese momento empiezas a culparte a ti... por no ser feliz con la vida que tienes. Comienzas a sentir una culpa que te carcome porque "otras personas la tienen más difícil que tú". Sientes que no tienes el derecho de siquiera verbalizar tus sentimientos solo porque hay personas que en tus zapatos sí podrían domar la ola.

Nadie se da cuenta de este infierno que estás viviendo porque has aprendido a dominar una cara de póker y a decir "estoy bien" siempre que te lo preguntan. Nadie lo sabe, pero vives la preocupación constante de que esta sensación no desaparezca nunca. Preguntas a tu psicóloga una y otra vez si esto será para siempre... porque es como un túnel oscuro al que no le puedes ver el final. Es como estar ahogándote y voltear a tus alrededores y ver que nadie puede hacer nada para ayudarte.

Algo así es como se vive un episodio depresivo. Algo así es como se ve la realidad de más de 280 millones de personas actualmente.

De acuerdo con la Organización Mundial de la Salud, en 2021 se estimó que la depresión afecta a un 3.8% de la población, incluidos un 5% de los adultos y un 5.7% de los adultos de más de 60 años. La Asociación Americana de Ansiedad y Depresión (ADAA, por sus siglas en inglés) señala que la depresión es uno de los trastornos de salud mental más comunes en Estados Unidos.

Y aunque es algo con lo que vive 3.8% de la población, es hasta la fecha uno de los trastornos mentales más incomprendidos en el mundo. Vivir con depresión es vivir con un vacío. Me atrevo a decir que parte de lo más doloroso de esta es la culpa que la acompaña. Culpa por no poder hacer *eso* que sabes que deberías estar haciendo. Culpa porque "se te va la vida" y "no la estás disfrutando como deberías", pero ¿cómo se puede disfrutar la vida cuando se vive perdido? Realmente muy pocas personas pueden llegar a entender lo que es esto, hasta que lo viven o ven a un ser querido vivirlo. En parte porque crecimos pensando que una persona con depresión era una persona floja, o una persona que "quiere llamar la atención". A muchos de nosotros nos dijeron que la felicidad era una decisión, así de sencillo, que tú podías decidir estar feliz a pesar de la adversidad. Y es comprensible, a muchas personas sé que les sirve esto. Sin embargo, ¿qué pasa con la persona que por más que lo intenta simplemente no puede "decidir" estar feliz? La realidad es que no es tan sencillo como tan solo *decidir* estar bien.

PERDÓNATE, PORQUE A VECES NO ES TAN SENCILLO COMO DECIDIR TU ESTADO DE ÁNIMO.

PERDÓNATE, PORQUE HAY DÍAS EN QUE LA VIDA PUEDE PESAR UN POCO MÁS.

PERDÓNATE, PORQUE SÉ QUE HACES LO MEJOR QUE PUEDES.

PERDÓNATE, PORQUE NADIE ELIGE ESTAR DEPRIMIDO/A.

Muy probablemente hayas escuchado (o hayas dicho) en tu día a día frases como: "Me dio la depre", "Ayer me sentí deprimida pero ya se me pasó", "Ay, de seguro solo quiere llamar la atención, no es posible que no pueda levantarse a trabajar". Olvidamos que la depresión no es una emoción. No es algo que dura minutos y que después se va. La depresión es un trastorno de salud mental que es persistente: puede durar semanas, meses o, en algunos casos, años.

Entonces... ¿Es lo mismo sentir tristeza que padecer un trastorno depresivo? Respuesta corta: no, no lo es.

Te comparto las diferencias principales entre la tristeza y la depresión.

Tristeza

Los reconocidos psicólogos Daniel Goleman y Paul Ekman identifican la tristeza como una de las 6 emociones básicas que tenemos los seres humanos. Las otras 5 son la aversión, la sorpresa, la felicidad, la ira y el miedo.

En su artículo *De la tristeza a la depresión*, Guillermina Cruz Pérez[1] dice que la tristeza es parte inherente de la vida de todo ser humano y ocasiona un malestar por algún evento previo, como puede ser la pérdida (de cualquier tipo) de una persona, un trabajo, un bien físico, una oportunidad, un sueño. Todos la hemos sentido: cuando te despediste de un ser querido, cuando te

---

1 G. Cruz Pérez, "De la tristeza a la depresión", *Revista Electrónica de Psicología Iztacala*, vol. 15, núm. 4, 2012. <https://www.revistas.unam.mx/index.php/repi/article/view/34739>.

dieron una noticia repentina o cuando viste esa película del perrito que se quedaba esperando a su dueño en la estación de tren. Todo ser humano puede experimentar tristeza por una u otra razón y aunque es de las emociones más incómodas, así como todas, tiene una función. Por más que se nos ha inculcado la idea de que existen emociones "buenas" y emociones "malas", ya hemos mencionado que no existe tal cosa. Ciertamente, pueden ser cómodas o incómodas, pero no tienen una carga moral del bien y el mal, simplemente son. La tristeza en especial se ha visto como una emoción que debemos evitar a toda costa y que lo importante es mostrarnos siempre con la mejor actitud y la mejor cara. Lo vemos todos los días en las redes sociales, ¿o no?

Por la incomodidad que nos trae la tristeza podríamos pensar que no nos beneficia en nada o que en realidad no nos ayuda en ningún sentido, pues cuando nos sentimos desanimados nos dan ganas de parar un rato: de sentarnos o acostarnos a llorar, o de simplemente no hacer nada. Y justo esa es su función, hacernos parar. La tristeza llega para hacernos reflexionar sobre el suceso incómodo, nos ayuda a aceptar esa situación y seguir adelante. Es una emoción importante que puede ayudarnos a adaptarnos, a hacer las paces y a enfocarnos. Nos enseña a perseverar y crecer con los sucesos incómodos. Además, tiene una función relacional, pues nos sirve para acercar a otras personas cuando necesitamos consuelo.

Hablando sobre la tristeza, hay un cuento del reconocido autor Jorge Bucay, de su libro *Cuentos para pensar*, que me encanta y te comparto.

La Tristeza y la Furia

En un reino encantado donde los hombres nunca pueden llegar, o quizás donde los hombres transitan eternamente sin darse cuenta...

En un reino mágico, donde las cosas no tangibles se vuelven concretas...

Había una vez... un estanque maravilloso.

Era una laguna de agua cristalina y pura donde nadaban peces de todos los colores existentes y donde todas las tonalidades del verde se reflejaban permanentemente...

Hasta ese estanque mágico y transparente se acercaron a bañarse haciéndose mutua compañía la tristeza y la furia.

Las dos se quitaron sus vestimentas y desnudas las dos entraron al estanque.

La furia, apurada (como siempre está la furia), urgida (sin saber porqué) se bañó rápidamente y más rápidamente aún salió del agua...

Pero la furia es ciega, o por lo menos no distingue claramente la realidad, así que, desnuda y apurada, se puso al salir la primera ropa que encontró...

Y sucedió que esa ropa no era la suya, sino la de la tristeza...

Y así vestida de tristeza, la furia se fue.

Muy calma, y muy serena, dispuesta como siempre a quedarse en el lugar donde está, la tristeza terminó su baño y sin ningún apuro (o mejor dicho, sin conciencia del paso del tiempo), con pereza y lentamente, salió del estanque.

En la orilla se encontró con que su ropa ya no estaba.

Como todos sabemos, si hay algo que a la tristeza no le

gusta es quedar al desnudo, así que se puso la única ropa que había junto al estanque, la ropa de la furia.

Cuentan que desde entonces muchas veces uno se encuentra con la furia, ciega, cruel, terrible y enfadada, pero si nos damos el tiempo de mirar bien, encontramos que esta furia que vemos es solo un disfraz, y que detrás del disfraz de la furia, en realidad... está escondida la tristeza.

Depresión

La depresión es algo diferente. De acuerdo con el National Institute of Mental Health (NIMH), la depresión (también llamada trastorno depresivo mayor o depresión clínica) es un trastorno del estado de ánimo común pero grave. Provoca síntomas graves que afectan cómo se sienten, piensan y manejan las actividades diarias, como dormir, comer o trabajar.

TRISTEZA	DEPRESIÓN
ES UNA REACCIÓN EMOCIONAL. ES UN SÍNTOMA DE LA DEPRESIÓN.	ES CONSIDERADA COMO UN TRASTORNO DE SALUD MENTAL, DE ACUERDO CON EL NIMH.

TRISTEZA	DEPRESIÓN
PASA DESPUÉS DE UNOS MINUTOS O DESPUÉS DE UNAS HORAS.	UN EPISODIO DEPRESIVO PUEDE DURAR SEMANAS, MESES O HASTA AÑOS, ES POR ESO QUE DEBE SER TRATADA POR UN PROFESIONAL DE SALUD MENTAL.
ES ESPECÍFICA. USUALMENTE, CUANDO NOS SENTIMOS TRISTES HAY UN DETONANTE: LA PÉRDIDA DE UN SER QUERIDO, DE UN TRABAJO, DESPEDIDAS, RUPTURAS AMOROSAS, PELEAS, ENTRE OTROS.	ES MULTIFACTORIAL. NO HAY UNA CAUSA EN ESPECÍFICO QUE LA OCASIONE.
TIENE EFECTOS A CORTO PLAZO.	TIENE CONSECUENCIAS A LARGO PLAZO. LA DEPRESIÓN PUEDE LLEGAR A IMPACTAR DE MANERA PERSISTENTE Y NEGATIVA ASPECTOS COMO EL RENDIMIENTO LABORAL, INTERACCIONES SOCIALES O LA SALUD FÍSICA.
SE VA CON EL TIEMPO, AL PLATICAR CON UN SER QUERIDO, AL HACER ACTIVIDAD FÍSICA, ESCRIBIENDO.	NECESITA SER TRATADA CON UN PROFESIONAL DE LA SALUD MENTAL. NO ES TAN SENCILLO COMO "DARLE TIEMPO".

¿Qué podemos hacer para apoyar a una persona con depresión?

Alguna vez una persona me compartió una frase que se quedó conmigo respecto a la depresión, desconozco el autor: "La depresión construye muros entre las personas y alrededor de las personas. Cuando alguien que amas ha sido arrastrado dentro de esas 'paredes' puede haber una distancia entre ambos que se siente inmensa".

La depresión, cuando está presente, no solo afecta a la persona diagnosticada, sino también a quienes la rodean. Es doloroso, pues las extrañas pese a que estén a tu lado. El simple hecho de que estés leyendo esto es un indicador de lo mucho que te importa y de lo mucho que quieres a esa persona.

Te comparto tres puntos fundamentales para apoyar a quien sufre de depresión:

1. Infórmate.

No lo diagnostiques. Si presientes que tu ser querido puede estar viviendo un cuadro depresivo, no supongas, mejor invítalo a que asista con un profesional de la salud mental. Es importante que esta persona tenga la atención que necesita.

2. Valida su sentir.

Recomiendo evitar frases como: "Échale ganas", "Ya, no seas floja/o, solo ponle buena cara a la vida y supéralo", "No exageres". En lugar de decir ese tipo de frases, es mejor simplemente mencionar que ahí estarás para esa persona, que no la dejarás sola y que puede contar contigo. A veces, queremos decir las palabras perfectas y en realidad no creo que existan unas palabras mágicas que quiten el dolor a esa persona, pero ¿sabes? El acompañamiento sana. Y aunque no existen unas palabras mágicas, sí existen frases que nos ayudan a validar el dolor de esa persona, aquí te comparto algunas de mis favoritas:

"¿CÓMO TE SIENTES? ¿QUÉ PUEDO HACER POR TI?".

"NO PUEDO IMAGINARME EL DOLOR QUE SIENTES,
LAMENTO MUCHO QUE SIENTAS TODO ESTO,
SI PUDIERA, CRÉEME QUE TE QUITARÍA ESTE DOLOR
QUE SIENTES, PERO POR LO PRONTO PUEDO PROMETERTE
QUE TE ACOMPAÑARÉ".

"NO PUEDO PROMETERTE QUE ESTO PASARÁ
RÁPIDO, PERO SÍ PUEDO PROMETERTE QUE AQUÍ
ESTARÉ CONTIGO".

3. Cuida de ti.

Eres una pieza clave en la recuperación de esta
persona, pero no te olvides de ti. Así como lo
mencionan en los protocolos de seguridad en
los aviones: "En caso de pérdida de presión en
la cabina, es fundamental que antes de ayudar
a otros a poner sus máscaras de oxígeno,
se ponga la suya". No te olvides de ti.

Si todo esto de lo que hablo te resuena, recomiendo al-
tamente que pidas ayuda a un profesional de la salud
mental. También quiero que sepas que no estás solo/a.

OJO: Por favor no te autodiagnostiques. Busca ayuda y asiste con un profesional de la salud mental si presentas los siguientes síntomas la mayor parte del día y casi todos los días:

+ Tristeza, ganas de llorar, sensación de vacío o desesperanza
+ Irritabilidad
+ Pérdida de interés o placer por la mayoría de las actividades habituales o por todas, como las relaciones sexuales, los pasatiempos o los deportes
+ Algún trastorno de sueño (dormir mucho más o mucho menos de lo habitual)
+ Cansancio y falta de energía
+ Falta de apetito o aumento de apetito
+ Ansiedad, agitación o inquietud
+ Dificultad para concentrarte
+ Sentimientos de inutilidad o culpa
+ Pensamientos frecuentes sobre la muerte, pensamientos suicidas, intentos suicidas

Fuente: Diagnostic and Statistical Manual of Mental Disorders (DSM-5), quinta edición.

Para ti, que este tema te suena más que familiar, quiero dedicarte un poema que escribió Michelle Rangel, una creadora de contenido que admiro muchísimo:

Si eres tantito como yo

Si eres tantito como yo
un día cumplirás años
y querrás tener esa edad para siempre,
intentarás tener esa edad para siempre.
Y si eres tantito como yo, fallarás.
Terminarás en el hospital, te internarán,
tendrás terapia 2 veces cada semana
y más medicamentos de los que
tu estómago pueda tolerar.
Lastimarás a gente que amas
y ellos te lastimarán a ti.
Abrirás heridas viejas y harás nuevas
y sentirás que todo se derrumba.
Pero si eres tantito como yo,
tal vez escuches una canción y se
convierta en tu favorita.
Bailarás mientras baja el sol
y verás una película que te cambie la vida.
Encontrarás paz en lo que crees
y harás amigos, los podrás abrazar
sin que se sienta a despedida.
Volverás a amar.
Quizá un libro o un cielo o un momento,
incluso tu pasado, tus cicatrices, tu proceso.
Podrás perdonar, soltar, dejar ir.
Pero más importante, podrás perdonarte a ti.

Lograrás tratarte con paciencia,

entenderás que querer morir es solo un
síntoma de una enfermedad que se puede
tratar. Verás que se puede tratar.

Te enamorarás, te romperán el
corazón o tú romperás el suyo

y llorarás, gritarás, te enojarás

pero lo vas a agradecer porque
al menos estás sintiendo,

por primera vez en mucho tiempo, la
vida no se sentirá entumida.

y descubrirás que hay AL MENOS
UNA persona que te ama

y si eres tantito como yo, sabrás
que eso es suficiente.

sabrás que no estás solo y en
realidad nunca lo estuviste.

Un día convertirás tu dolor en arte
y harás cosas maravillosas.

Un día volverás a cumplir años
y por primera vez
no querrás que sea el último.

Así que quédate, un cumpleaños más.

Por favor,

Sé paciente.

Por amor a mí,
me perdono.

7

Por amor a mí, ajusto mis expectativas

MIS EXPECTATIVAS DE VIDA SE REDUJERON
A CERO CUANDO TENÍA 21 AÑOS.
DESDE ENTONCES, TODO HAN SIDO VENTAJAS.
—STEPHEN HAWKING—

Hablemos sobre las expectativas.

Expectativa:
Una forma de "pseudo realidad" que esperamos se manifieste en nuestras vidas.

Vivimos en un mundo que espera cosas de nosotros. Como si hubiera cierto molde en el cual debemos caber y como si existiera un camino idóneo para todas las personas en el mundo. Existen diferentes moldes dependiendo del ambiente en donde hayamos crecido. Hay cosas que la gente espera de nosotros, como que estudiemos, trabajemos, nos casemos, tengamos una familia y entonces, solo entonces, podremos ser considerados como una persona "exitosa" y podremos vivir "felices por siempre". Pero ¿qué pasa cuando esas ideas y expectativas no son lo que queremos para nosotros mismos? ¿Qué pasa si de pronto nos damos cuenta de que hemos estado viviendo tratando de satisfacer lo que otras personas quieren para nosotros? ¿Qué sucede cuando dejamos de ser los autores de nuestra historia y empezamos a ser espectadores de ella? Dejamos que personas externas dicten cuál será el siguiente capítulo, en dónde tomará lugar, qué decisiones tiene que tomar el protagonista, cómo debería ser el desarrollo del personaje y cuál debería ser su final. Muchas veces podemos llegar a olvidar el poder que tenemos, olvidamos que somos los guionistas, editores, diseñadores y los únicos autores de nuestra historia, y déjame decirte que de nadie depende hacerse cargo de ella más que de ti.

Siempre he pensado que somos un conjunto de decisiones. Y que más que existir un *destino*, son nuestras decisiones las que nos llevan a diferentes caminos. Es común que cuando vemos a una persona exitosa (dependiendo de cuál es el significado del *éxito* para ti) solemos idealizarla y pensamos cosas como: "¡Qué suertuda persona es!", "¿Cómo le hizo para que todo le saliera así de bien!", "Uy no, imagínate qué fácil es ser como esa persona".

Todos lo hemos pensado e incluso dicho, ¿o no? Qué sencillo es ver el resultado final de todo el esfuerzo de una persona y pensar que todo simplemente *se dio* por *suerte*. Y, en parte, es culpa de las redes sociales y la forma en la que las llevamos. Compartimos los momentos que queremos, los 5 segundos de felicidad, los 10 segundos de paz o de éxito. Olvidamos que solo vemos una pequeña parte de todo y comparamos nuestra versión humana con las versiones que otras personas quieren que veamos de ellas, no necesariamente la realidad. Comparamos nuestro día 1 con el día 100 de otros.

Ajustamos nuestras expectativas pensando que deberíamos estar en cierto punto de nuestras vidas, que deberíamos vernos de cierta forma, que nuestras relaciones tienen que ser como las que se muestran en redes. No digo que esté mal compartir los momentos más *cool* o felices de nuestra vida en redes sociales, pero podemos comenzar a consumirlas con perspectiva. Saber que no todo lo que vemos es la realidad, saber que nuestro valor no cambia por lo que otras personas digan o hagan.

Al hablar de las expectativas no podemos ignorar una de las decisiones más grandes que uno tiene que tomar en su vida y que muchas veces dejamos en manos ajenas o nos dejamos influenciar por cumplir las expectativas de terceras personas: **¿A qué me voy a dedicar?**

Honestamente, se me hace absurda la idea de que a eso de los 18 o 20 años elijamos la carrera que *tendremos que* ejercer el resto de nuestra vida. Cuando mucha gente, durante o al final de su carrera se da cuenta de que no era lo que en realidad deseaba hacer el resto de su vida. Y me incluyo. Te comparto que yo inicié mi vida universitaria estudiando la carrera de Publicidad y Comunicación de

Mercados, principalmente por una presión social que sentía y por creer que mis habilidades creativas podrían explotarse estudiando eso. Yo me visualizaba trabajando para empresas como Coca-Cola, haciendo esos icónicos comerciales navideños que a todos nos hacían llorar. Recuerdo meterme a diversos congresos para inspirarme con las historias de éxito de los ponentes y... nada. Intenté meterme a organizar ese tipo de eventos y lloraba siempre que salía de las juntas porque no sentía nada, nada de emoción, nada de interés, nada de curiosidad. Era como si mi vida fuera un rompecabezas que no encajaba. Me aferré a esa carrera porque mi plan era hacer una maestría enfocada en neuromarketing o una especialidad en comportamiento del consumidor.

Iniciando mi tercer semestre de la carrera de Publicidad me inscribí a la clase de Psicología I con la licenciada María Elvira Santos, psicóloga clínica. No puedo explicar la emoción que sentí al asistir a mi primera clase, era tanta mi curiosidad que accedí a meter la materia LOS LUNES A LAS 7 A. M.; me arrepentí después por lo temprano, pero esa es otra historia.

Recuerdo perfecto la primera clase, pero, sobre todo, lo que me hizo sentir. La escena era como de película, estaba sentada en la segunda fila del salón, pegada a la puerta, no veía a ninguna persona conocida y eso siempre me causaba nervios, era un agosto y hacía calor a las 7 a. m. porque... Monterrey. Solo veía a la maestra hablar como en cámara lenta, lo que decía hacía que mi corazón latiera a mil por hora. Era como si todas las piezas del rompecabezas por fin se unieran. Me despertó una curiosidad inmensa por el comportamiento humano y mi mente se llenó de muchos "¿por qué?". Todo ese día me sentí inquieta. Empecé a cuestionarme si la publicidad y el marketing eran lo que en realidad quería hacer con mi vida.

En la noche, llegué a casa de mi actual pareja y le platiqué todo. A lo que él me contestó: **¿Qué es lo que más te gusta hacer en el mundo?** Yo ODIABA que me preguntaran eso porque lo primero que se me venía a la mente era "estar con las personas que amo" o "ir al cine", pero claramente eso no era opción, ¿verdad? Entonces él me recordó que por fuera de mis actividades académicas lo que yo hacía era meterme a grupos en donde se hiciera algún tipo de acción social, por ejemplo, me certifiqué para ser Clown Doctor (doctora de la risa) y amaba practicarlo y dar una sonrisa a otras personas. Entonces, dije: "Okey, lo que más me gusta es ayudar a otras personas" y en automático pensé en la medicina, pero la medicina nunca fue una opción. Verás, mi papá es médico, y él siempre nos explicó lo difícil que fue para él su etapa universitaria y lo especialmente difícil que lo fue para sus colegas mujeres porque... México. Después, mi hermano, reconocido por mi familia por ser superinteligente y dedicado (tanto que ganó una beca de excelencia en la preparatoria), comenzó a estudiar la carrera de Medicina y fue muy infeliz los cinco semestres que la estudió. Así que la medicina no era una opción, ya que mi hermano, siendo etiquetado como el inteligente de la familia... sufrió mucho. ¿Qué me quedaba a mí siendo una simple mortal? En fin, siempre le saqué la vuelta a medicina por el estigma tan grande que la acompaña. Mi pareja me empezó a cuestionar qué era eso del neuromarketing que hacía que me aferrara tanto a la carrera, y fue después de un buen rato que descubrimos que lo que en verdad más me gustaba y me intrigaba del neuromarketing era la parte de "neuro" y la curiosidad tan inmensa que tenía de saber por qué los seres humanos nos comportamos como nos comportamos. Después, esta persona tan especial para mí me preguntó:

—¿Y por qué no psicología?

—**No. Está muy difícil, no voy a poder** —contesté sin pensarlo dos veces.

Él se atacó de la risa y me preguntó:

—**¿Ya lo intentaste?**

> ¿DE CUÁNTO NOS PRIVAMOS POR MIEDO?
>
> ¿QUÉ TANTAS OPORTUNIDADES DEJAMOS PASAR POR PENSAR QUE NO CUMPLIREMOS CON LAS EXPECTATIVAS QUE OTRAS PERSONAS TIENEN PARA NOSOTROS?
>
> ¿CUÁNTOS SUEÑOS NOS CUESTA TENER TANTO MIEDO?

Miedo, miedo, miedo y más miedo. Miedo a fracasar, miedo a no cumplir con las expectativas que se nos han impuesto, miedo a no cumplir nuestras metas, miedo a morir sin haber vivido, miedo a "no ser suficiente".

> "NO SER"
>
> "NO CUMPLIR"
>
> "FRACASAR"

¿Qué es eso realmente? ¿Qué significa "no ser"? Si con el simple hecho de existir, **ya somos**. ¿Qué es no cumplir? ¿Qué es fracasar? ¿Qué es éxito? ¿Qué es no ser suficiente?

Este miedo a "**no ser suficiente**" es algo que nos acompaña a más de una persona. Es el miedo que surge a raíz de la comparación. Es esta sensación de que no importa lo que hagas, probablemente nunca serás suficientemente bueno o lo suficientemente capaz para cumplir con cierta meta, para lograr cierta tarea o para estar con cierta persona. Este miedo puede hacernos pensar que las cosas buenas que nos suceden son resultado de un "golpe de suerte", algo que es conocido también como el "síndrome del impostor", término creado por Pauline Clance y Suzanne Imes en 1978 y que, explican, es más común en mujeres. Este síndrome nos hace sentirnos poco merecedores del reconocimiento, como si fuésemos un impostor que en cualquier momento puede ser descubierto. Dudamos de nuestras propias capacidades y podemos llegar a sentir que, en cualquier momento, alguien se va a "dar cuenta" de que no somos tan competentes como parecemos ser. Basamos nuestra valía en nuestra productividad, llegando al punto de sacrificar nuestro bienestar por tratar de cumplir con las expectativas. ¿Has sentido algo parecido?

Cuando alguna persona me dice que no se siente suficiente siempre contesto: "¿Suficiente para quién?".

Recordemos que por lo regular hay una gran diferencia entre lo que sentimos que somos y lo que en verdad somos. Desafortunadamente, cuando tenemos la autoestima baja, solemos ser nuestros jueces más duros. Focalizamos nuestra atención solo en nuestros errores y en los aspectos negativos de nuestras vidas. Vemos nuestros fracasos como el único escenario esperado y como lo peor que nos podría suceder. El sentirnos "insuficientes" va muy ligado a nuestro autoconcepto, pues refleja las percepciones, evaluaciones y pensamientos que tenemos acerca de nosotros mismos y las ideas que otras personas tienen sobre nosotros y que no necesariamente son ciertas. Esta "evaluación" que hacemos la realizamos con base en nuestras experiencias y el aprendizaje que hayamos tenido en ellas.

¿Qué se puede hacer si siento que no soy suficiente?

Primero, debes saber que es natural, pues crecimos en una sociedad que nos ha enseñado a odiarnos, a estar buscando qué más podemos hacer para "encajar", qué otro producto podemos comprar para ahora sí "cumplir con las expectativas" o los estándares de belleza impuestos. Esta sociedad consumista nos incita a estar buscando constantemente qué más cambiar de nuestra persona con la promesa de satisfacción; la realidad es que muchas veces eso solo implica satisfacer a alguien más y no lo que deseamos para nosotros. El acto de amor propio más revolucionario que podemos tener es aceptarnos tal cual somos y reconocer nuestros propios deseos, sin importar lo que el exterior espere de nosotros mismos.

No te estoy diciendo que tienes que amar cada rincón de tu ser para empezar a sanar o para realmente empezar a sentirte suficiente, porque siendo honestos, todos tenemos áreas que trabajar. Lo que sí podemos hacer es comenzar por aceptar y agradecer lo que sí somos, lo que sí tenemos y lo que sí hemos logrado. Acéptalo, abrázalo y reconócelo. Centrarnos en lo que podríamos ser en lugar de valorar lo que ya somos es un condicionante o una tentación en la que probablemente todos hemos caído.

HAGAMOS UN EJERCICIO

QUIERO QUE POR UN MOMENTO PIENSES EN TI Y EN CÓMO ES TU VIDA AHORA, PENSANDO QUE NO ERES SUFICIENTE. ¿QUÉ PASARÍA SI TODA TU VIDA ESTUVIERAS CON ESTE PENSAMIENTO? ¿CÓMO SE VERÍA TU VIDA? ¿CÓMO TE SENTIRÍAS?

AHORA QUIERO QUE PIENSES EN TODO LO CONTRARIO. IMAGINA QUE, POR ARTE DE MAGIA, EL DÍA DE MAÑANA TE DESPERTARAS SINTIÉNDOTE CAPAZ, SUFICIENTE Y CON CONFIANZA EN TI. ¿CÓMO SE VERÍA TU VIDA? ¿CÓMO TE SENTIRÍAS? ¿QUÉ CAMBIÓ?

Y de hacerlo, probablemente vivamos inconformes, pues siempre habrá algo mejor.

Hay expectativas en todas partes, como las de los padres que, muchas veces sin el afán de lastimar y muy probablemente en pro de que sus hijos tengan una buena vida, utilizan frases como:

"¡ESA PERSONA ES LA QUE TE CONVIENE! CÁSATE CON QUIEN TE QUIERA, NO CON QUIEN TÚ QUIERAS".

"¿YA CUMPLISTE 25? ¡UY! A TU EDAD YO YA ESTABA CASADA Y TENÍAMOS NUESTRA CASA PROPIA".

"QUIERO QUE TE GRADÚES PORQUE DESEO QUE SEAS ALGUIEN".

"¿POR QUÉ NO ERES COMO TU HERMANO?".

"AY, ¿EN SERIO ESTÁS LLORANDO? A MÍ NO ME SALGAS CON ESAS COSAS DE QUE ESTÁS DEPRIMIDO. PONTE A JALAR MEJOR".

O las expectativas que personas que no nos conocen tanto también tratan de imponer:

"OYE YA LLEVAS MUCHO CON TU PAREJA. ¡NO SÉ QUÉ ESPERAN PARA CASARSE!".

"TIENES LA CARA DIVINA, SI ADELGAZARAS TE VERÍAS AÚN MEJOR".

A veces, no nos damos cuenta de que estamos imponiendo nuestras expectativas en la vida de quienes amamos. Olvidamos que no nos corresponde tratar de "salvar" o "ayudar" a todas las personas y mucho menos opinar sobre las decisiones, el cuerpo o el camino que otros deciden tomar. Que si se casó, que si no se casó, que si adelgazó o que engordó, que si renunció o lo contrataron... **no nos corresponde imponer nuestras expectativas en la vida de otras personas.**

El costo de tratar de cumplir con todas las expectativas sociales que se nos imponen ya es demasiado caro como para sumarle expectativas personales inalcanzables. ¿En verdad lo vale? ¿Vale tu paz, tu salud mental y física tratar de cumplir con estas ideas?

Yo solo quiero recordarte que eres alguien que merece reconocimiento y amor, sin importar el camino que hayas elegido tomar. No tienes que satisfacer todas esas expectativas que otras personas han impuesto en ti. A veces, hay que ajustar estas expectativas a nuestra medida.

Ajustando mis expectativas

Te dejo tres pasos para comenzar:

1. Cuestiona tus creencias.

El creador de la terapia racional emotiva, Albert Ellis, explicó cómo las ideas irracionales, tales como "tengo que ser", "tengo que tener", "debo hacer", entre otras, tienen un impacto en nuestro malestar.

2. Enfoca tu atención y energía en lo que sí puedes controlar.

Recordemos que hay muchas cosas que están en nuestro control y muchas otras que no lo están y que, sin importar lo mucho que nos frustremos y lo mucho que nos enojemos, hay cosas que simplemente no dependen de nosotros. No están en nuestro control las expectativas o creencias que otras personas puedan tener, no controlamos las intenciones de otras personas o sus decisiones. En nuestro control están nuestras intenciones, nuestro esfuerzo, la forma en la que nos comunicamos y, claro, la forma en la que reaccionamos ante las adversidades que la vida nos presenta.

3. Déjate sorprender.

La mejor herencia que mi papá me ha dejado en vida es justo eso: ver al mundo con ojos de turista. ¿Ves un atardecer mientras vas manejando? Fabuloso, grábatelo. ¿Tu pareja te regaló flores? Increíble, agradécelo. La vida empieza a cambiar cuando vamos agradeciendo y valorando esos "pequeños" grandes detalles de esta. Si vamos por nuestro camino pensando constantemente en el "Qué hubiera sido si...", o "Me gustaría que esto fuese así en lugar de...", es probable que estemos dejando espacio para la decepción. En cambio, si vamos con una mente abierta, abrimos los brazos para recibir las maravillas con las que la vida puede sorprendernos. Déjate sorprender por la vida.

Por amor a mí, ajusto mis expectativas.

8

Por amor a mí, te dejo ir

El 100% de lo que escribí en este libro fue en momentos en los que tuve que sanar algo. He aprendido que una de las mejores formas de sanar es escribiéndotelo. Ojalá algunas de estas vivencias te resuenen y te den luz.

Este capítulo no es la excepción.

Por amor a mí, te dejo ir... ¿en qué pensaste al leer esto? ¿En una persona? ¿En una expectativa? ¿Un sueño? Por alguna extraña razón, al escribirlo me duele el corazón. Como si supiera que es algo que tengo que hacer pero no he tenido las agallas para hacerlo. Y es que dejar ir es de las cosas que más valor conllevan. Hace falta ser muy valiente para tomar esa decisión de soltar y volver a empezar. A veces, tememos soltar por miedo a empezar de cero. Huimos de la posibilidad de renunciar a ese trabajo, esa persona o ese sueño por pensar en qué pasará después y en quién nos convertiremos al tomar esa decisión.

Piénsalo bien, muchas personas temen terminar esa relación que no las hace felices por miedo a tener que volver a abrirse con personas desconocidas hasta poder conectar con alguien, por miedo a tener que verse vulnerables de nuevo, arriesgándose a potencialmente tener el corazón roto. Otras personas temen dejar ese trabajo en el cual son muy infelices por miedo a tener que volver a mandar el CV y tal vez ser rechazados. Tememos dejar ir porque en la mayoría de los casos nos ocasiona algún tipo de sufrimiento.

Cómo duele dejar ir... en especial si hablamos de dejar ir a una persona.

Uno de mis autores favoritos, el doctor Eduardo Calixto, en su libro *Un clavado a tu cerebro*,[1] explica que, cuando tenemos el corazón roto, los efectos a nivel neuronal son muy parecidos a cuando se está en duelo por el fallecimiento de alguien cercano. Después de dejar ir a una persona, podemos llegar a experimentar niveles de tristeza, ansiedad e inseguridad muy altos. Muchos inclusive llegan a sentir un dolor en el pecho, como si les hubieran arrancado una parte de ellos. Y ¿sabes? Algo así sucede. Cuando estamos en una relación (de cualquier tipo), descubrimos partes nuevas de nosotros y ("sin querer queriendo") moldeamos nuestra forma de ser. Cuando terminamos esta relación, sentimos que estamos también perdiendo esta parte de nosotros. Esto es, en parte, una de las razones por las cuales es tan difícil soltar a una persona. Añoramos los recuerdos, añoramos quien éramos con esa persona, añoramos las emociones que experimentamos durante la relación.

---

1 E. Calixto, *Un clavado a tu cerebro*, México, Aguilar, 2016.

Realmente pensamos que una parte de nosotros se queda con la otra persona. ¿Te ha pasado? Porque a mí sí.

Es difícil soltar una relación (de cualquier tipo) porque nuestro cerebro a veces "nos juega un poco sucio" y nos recuerda, por motivos meramente adaptativos, las cosas buenas que teníamos en esa relación. Es común que nos lleguen los famosos *flashbacks* o recuerdos de momentos felices que compartimos con esa persona y llega un punto en el que podemos olvidar la razón por la cual decidimos terminar esa relación o alejarnos de esa persona. Pero te recuerdo, es una respuesta meramente adaptativa, pues nuestro cerebro quiere protegernos, y si nos recuerda todo el dolor que vivimos y todos esos momentos difíciles, no nos ayudará a sentirnos mejor. Mucho ojo, porque es en esta etapa en la que muchas veces decidimos reanudar la relación. Solemos pensar cosas como: "Ay, sí. La verdad me trató muy mal y me faltó al respeto, **pero** se llevaba padrísimo con mis papás", "Esa persona me lastimó mucho y traicionó mi confianza, **pero** cuando salíamos nos reíamos mucho".

Duele dejar ir. Así, sin más. Puede que, si estás pasando por un proceso de ruptura, pienses que este dolor no se irá jamás y este vacío se quedará contigo por siempre. Siento mucho decirte que no hay una "receta perfecta" para lidiar con este dolor que sientes, pero sí tengo algunas recomendaciones que pueden darte un poco de luz dentro de este proceso que estás viviendo:

Permítete sentir.

Llora y siente todo lo que tengas que sentir.
No compares lo que tú estás sintiendo con el
proceso que hayas visto en personas conocidas,

el proceso es tuyo. Todas estas emociones que estás experimentando son válidas, siéntelas.

Reconecta contigo. Reconócete.

Es común que, al estar en una relación amorosa, moldeemos cosas de nosotros e invirtamos nuestro tiempo en actividades que se pueden compartir y es maravilloso. Sin embargo, muchas veces nos olvidamos de hacer actividades que nos llenen a nosotros. En relaciones que fueron muy largas es importante tomarnos el tiempo de reconocernos, pues, como las estaciones, vamos evolucionando y vamos cambiando. Hay múltiples posibilidades que están esperándote, permítete recibirlas con los brazos abiertos.

Date tiempo.

Dice Gwyneth Paltrow que "la mejor manera de reparar un corazón roto es el tiempo". Así como las flores, necesitamos tiempo para florecer de nuevo. Date el tiempo que necesites para sanar.

Rodéate de "flores para el alma".

Me refiero a esas personas que nos sacan sonrisas en los momentos más oscuros, personas que con un abrazo nos hacen sentir que "todo estará bien". Esas *flores para el alma* son claves en nuestro proceso para sanar nuestro corazón roto.

Quiero que recuerdes esto: el terminar una relación no es sinónimo de fracaso. Es sinónimo de que estamos tomando una decisión que, a pesar de que no se siente bien, sabemos que es lo mejor para nosotros. Recuerda que vas a estar bien. Esos momentos maravillosos que viviste con esa persona siguen siendo tuyos. No importa cuántas veces lo haya escrito ya: vas a estar bien.

Duele darnos cuenta de que eso que tanto queríamos en un pasado, eso que idealizábamos y deseábamos con todo nuestro corazón, no es lo que pensamos que sería.

En el caso del amor, tenemos pensamientos recurrentes.

¿QUÉ SI NO ENCUENTRO A ALGUIEN MÁS?

¿QUÉ TAL SI ESA PERSONA SE ENAMORA DE ALGUIEN MÁS Y YO NUNCA ENCUENTRO LA FELICIDAD?

¿QUÉ TAL SI NO SOY SUFICIENTE PARA NADIE?

¿Y SI NUNCA LOGRO MIS SUEÑOS?

¿Y SI ESE ERA EL MEJOR TRABAJO QUE YO PODÍA CONSEGUIR?

Recuerdo bien que un día la psicóloga Linda Ramos me dijo una frase que me cambió la forma en la que veo las relaciones de pareja.

Puedes amar muchísimo a una persona, pero eso no significa que ames tu vida con esa persona.

Es maravilloso amar a alguien, el cerebro enamorado es todo un espectáculo de hormonas, pero eso no significa que ame pasar todo mi tiempo con esa persona. Tal vez sus valores, hábitos y costumbres no se alinean con los míos y está bien. Está bien dejar ir. ¿Sabes? **No todas las relaciones tienen que terminar cuando uno de los dos deja de amar. También se pueden terminar relaciones por y desde el amor.** Y es que amar a alguien, como lo hemos visto desde el primer capítulo, es libertad, es crecimiento. A veces, crecer implica que aprendamos a tomar decisiones por amor a nosotros. Terminar una relación duele, pero duele más quedarnos en un lugar por el simple hecho de evitarnos la incomodidad y el dolor. Duele más que elijamos ponernos en segundo plano para no lastimar a terceras personas.

Ahora quiero traducírtelo a diferentes situaciones:

Puedes amar muchísimo tu trabajo, pero eso no significa que ames tu vida con ese trabajo

Y, a ver, este es un tema complejo, pues sabemos que no todos tenemos el privilegio de dedicarnos a lo que amamos. Muchas veces tenemos que trabajar por necesidad y no podemos dejar el trabajo solo así nada más. Lo entiendo. Pero no hay un sueldo que valga tu salud física y mental.

No eres egoísta por renunciar a un lugar en donde aprendiste, te desarrollaste como profesionista y quizá maduraste mucho como persona... Al final mereces volar y aplicar lo que aprendiste en un espacio en donde sientas más comodidad.

Probablemente sientes que amas muchísimo tu trabajo, pero ¿no será que es mera costumbre y miedo a dejarlo ir? ¿Qué pasaría si te atrevieras a iniciar en un nuevo lugar? Claro, se lee muy fácil, pero sin duda elegirte a ti en lo profesional también es un acto de amor.

Puedes amar muchísimo a tu familia, pero eso no significa que ames tu vida con esa familia

En Latinoamérica se tiene la idea de que a la familia se le perdona todo, a la familia todo se le tolera porque es tu familia. ¿Cómo podrías darle la espalda a tu familia? Suena muy linda la palabra "incondicional" y se cree que la familia es eso, un grupo de personas incondicionales.

POR AMOR A MÍ...

Pero, como lo platicamos en el capítulo sobre los límites emocionales, el amor no todo lo puede, y eso de "amar incondicionalmente" en realidad puede resultar un tanto dañino, pues sí tenemos que amar con condiciones, y esas condiciones son los límites que establecemos y debemos respetar. No porque sea tu familia significa que tengas que tolerar "incondicionalmente" faltas de respeto, golpes o insultos de cualquier tipo. Por amor no podemos tolerarlo todo. Puedes amarlos con todo tu corazón, pero eso no significa que tengas que amar tu vida con estas personas.

Puedes amar un proyecto, pero eso no significa que ames tu vida con ese proyecto

Alguna vez escuché la frase: "Estás a una decisión de una vida completamente diferente" y por mucho tiempo me paralizaba la idea de lo "diferente". Como si hubiera cierto camino definido por el destino para mí y fuera mi responsabilidad no salirme de este, pues podría pasar *algo diferente*. Como si lo diferente fuera algo malo, como si salirme de las líneas fuera un error. Déjame decirte que diferente no es igual a malo. Diferente puede ser el inicio de toda una aventura. Lo desconocido puede ser tu más grande maestro.

Sin embargo, y como te lo mencionaba al inicio de este capítulo, contrario a lo que se piensa, no se requiere de tanta fortaleza para aferrarnos a ciertas personas, ideas, lugares, momentos, como, en cambio, sí se requiere de toda nuestra fortaleza para aprender a dejar ir. ¿Y sabes qué es lo mágico de aprender a soltar? Que te das cuenta de que **no todo lo que sueltas se rompe.**

Aplica para muchísimas situaciones:

CUANDO TENEMOS QUE DEJAR IR A UN HIJO, PENSAMOS QUE SI LO SOLTAMOS PODRÍA ROMPERSE,

PERO LUEGO TE DAS CUENTA DE QUE TIENE ALAS PROPIAS PARA VOLAR.

CUANDO NOS SENTIMOS PELIGROSAMENTE
CÓMODOS EN UN TRABAJO QUE ODIAMOS,

PERO DESPUÉS TE DAS CUENTA DE QUE TU
TIEMPO ES LO MÁS VALIOSO QUE PUEDES
REGALARLE A ALGUIEN Y QUE NUNCA
SE RECUPERA, Y DECIDES SOLTAR.

CUANDO DECIDIMOS QUEDARNOS POR AÑOS EN
UNA RELACIÓN SOLO PORQUE "NADIE MÁS PODRÍA
LLEGAR A QUERERNOS",

PERO LUEGO TE DAS CUENTA, AL SOLTAR, QUE
TODO ESTE TIEMPO ESTUVISTE BAJO AGUA Y
QUE AHORA PUEDES POR FIN RESPIRAR.

NO TODO LO QUE SE SUELTA SE ROMPE.

Se sabe que el sufrimiento es algo que nos caracteriza como seres humanos. Dice Buda que el dolor es inevitable, pero el sufrimiento es opcional. Sin embargo, así como existe el sufrimiento, también existe el otro lado de la moneda. Claro que todo puede salir mal. Claro que puedes enamorarte de una persona que puede lastimarte. Pero... ¿Y si todo sale bien? ¿Y si encuentras en otra persona eso que siempre habías estado buscando? ¿Y si encuentras una compañía con quien hagas el mejor equipo? O mejor aún, **¿qué tal si te das cuenta de que eso que buscabas en otras personas... puedes encontrarlo en ti?**

Así como puedes
pensar en el peor
escenario posible,
también puedes
pensar en el mejor.

¿A qué me refiero con esto? Así como podemos pensar que esa decisión puede traernos puras repercusiones terribles y negativas... también podemos pensar en todas esas cosas maravillosas que podrían llegar a pasar.

Te doy un ejemplo: hace poco me fui de voluntariado sola a un país muy lejos de mi querido México. ¿Y yo? Aterrorizada. Era una bolita de nervios pensando en TODAS las cosas malas que podrían llegar a pasarme. "Qué tal si pierdo el vuelo", "Qué tal si me da covid un día antes de mi viaje", "¿Y si al llegar una persona me estafa?", "¿Qué tal si me roban?". Y solo se ponía peor. "Qué tal si me doy cuenta de que ayudar a otras personas no es lo mío y mi propósito de vida no es el que yo pensaba y todo sale mal?". Bueno y así podría seguir, seguir y seguir.

Pero sí. Así como pude pensar en esos escenarios terribles, también mi mente fue capaz de pensar cosas maravillosas como: "¿Qué tal si esto supera mis expectativas?", "¿Y si hago amistades inolvidables?", "¿Y si me doy cuenta de que esto es lo que más me gusta hacer?", "¿Y si mi propósito de vida realmente era esto?". Y déjame decirte que la realidad se pareció mucho más a los escenarios maravillosos. Así como puedes pensar en el PEOR escenario posible, también puedes pensar en el MEJOR escenario posible. **Métele luz al caos** y te darás cuenta de que las cosas también pueden salir maravillosamente bien.

Hace poco fui a una obra espectacular en la Ciudad de México llamada *Siete veces adiós*. Fue escrita por Alan Estrada y, tal cual, es un musical hecho con el corazón roto. Ahí escuché una frase que quiero compartirte:

No hay mayor acto de amor que decir GRACIAS.

Ahora te toca a ti. Me gustaría que antes de terminar este capítulo hagamos un ejercicio a partir de una pregunta. No te presiones, toma tu tiempo, entiendo que a veces es difícil encontrar qué agradecer de situaciones o relaciones que nos trajeron una tormenta, pero nunca olvides que después de una, siempre vuelve a salir el sol, y ese sol es tu agradecimiento.

¿QUÉ AGRADECES DE LO ÚLTIMO QUE DEJASTE IR? PUEDE SER UNA RELACIÓN, UN TRABAJO, UNA CIUDAD, UNA AMISTAD, UN HOGAR...

Por amor a ti, aprende a soltar.

9

Por amor a mí, voy a mi tiempo

CINCO MINUTOS BASTAN PARA SOÑAR TODA UNA
VIDA, ASÍ DE RELATIVO ES EL TIEMPO.
MARIO BENEDETTI

El *tiempo*, definido como una magnitud física con la que se mide la duración o separación de acontecimientos. Un concepto que sana a muchos y atormenta a otros. Te quiero confesar que yo soy una de esas personas a las que les atormenta el tiempo, pues vivo con la preocupación de acabármelo sin realmente haberlo disfrutado. Y conforme he ido creciendo, pareciera que todo se mueve más rápido. ¿Recuerdas cuando eras más joven y parecía que los veranos duraban una eternidad? ¿O te acuerdas cuando esos cinco minutitos más para dormir eran más

POR AMOR A MÍ...

que suficiente porque se sentían como si hubieses dormido una hora más?

¿Te cuento algo? Cuando comenzó todo el tema de la pandemia, en el 2020, que todo se detuvo por meses, fue la primera vez en muchos años que me detuve a escucharme y cuestionarme. ¿Te pasó? Dentro de ese tiempo, me di cuenta de que siempre iba corriendo por la vida, porque tenía la sensación de que iba **tarde**. Si no iba tarde para graduarme, iba tarde para conseguir un trabajo; si no iba tarde para conseguir un trabajo, iba tarde para tener una relación; si no iba tarde para tener una relación, iba tarde para dar un siguiente paso; si no iba tarde para dar un siguiente paso, iba tarde para cumplir mis sueños y así sucesivamente.

Llama mi atención que, como seres humanos, solemos pensar que siempre vamos tarde. Comparamos nuestras historias y vivencias con la mejor versión de los demás. ¿Lo has pensado? Permíteme compartirte algunos ejemplos:

ESCENARIO 1

Gaby

Mujer de 24 años, se graduó de una universidad
prestigiosa. Se independizó hace un año, se
dedica al emprendimiento de una exitosa marca
y actualmente estudia una maestría con una beca
que ganó. Le encanta salir con sus amigos, viajar,
tomar vino y ver documentales de asesinos seriales.
Ella tiene una relación de cinco años con su pareja.

Sus amigos dicen que es superdivertida
y que es una gran amiga.

ESCENARIO 2

Caro

Mujer de 23 años, se graduó hace un año
de una ingeniería con mención honorífica.
Ella tiene una relación de seis años con
su pareja y hace muy poco decidieron
casarse y mudarse a los Estados Unidos.

Sus amigos dicen que ella y su
pareja son *relationship goals*.

ESCENARIO 3

Gus

Hombre de 30 años, estudió Administración
y lleva cinco años trabajando para una gran
empresa. En su tiempo libre es instructor de
indoor cycling. Vive solo con su perrito golden.
Le gusta cocinar, viajar y salir de fiesta.

Sus amigos dicen que es el mejor para pasar
un buen rato y sabe escuchar muy bien.

ESCENARIO 4

María

Una mujer de 45 años, mexicana que vive en
Estados Unidos. Lleva toda su vida trabajando
para darle una mejor vida a su familia. Lleva 15
años de casada, pero no se lleva bien con su
pareja. Le gusta leer y ver series españolas.

Sus amigas dicen que es la mujer
más fuerte que han conocido.

ESCENARIO 5

Homero

Hombre de 26 años, estudió Ingeniería en una gran universidad, trabajó para una consultoría reconocida mundialmente, ganó una beca muy importante para irse a estudiar a una universidad Ivy Leage en Estados Unidos. Hace un mes se comprometió con su novia, igual de perfecta.

Sus amigos dicen que "tiene la vida resuelta".

ESCENARIO 6

Fernando

Hombre de 28 años, ingeniero en computación.
Trabaja en una *start up*. Es amante de los deportes,
la cocina, los documentales de leyendas del rap y
estar con sus amigos y familia. Tiene una relación
larga con su novia que conoció en la universidad.

Sus amigos lo describen como "una de las
personas más brillantes que han conocido"
y como alguien alegre, leal y cálido.

Te confieso que estas personas no son tan hipotéticas
como parecen. A todas estas personas las conozco.
Y todas tienen algo en común: en algún momento, sienten
o han sentido que van tarde.

Gaby siente que va tarde para casarse o dar un siguiente paso como Caro. Caro siente que se está perdiendo de aventurarse y viajar por el mundo como Gaby o Gus. María siente que ha desperdiciado gran parte de su vida estando con una persona que no ama y dando toda su atención a unos hijos que no la valoran. Homero siente que está siendo la persona que "sus papás quieren que sea", pero no está dedicándose a lo que ama. Fernando se siente presionado por su novia por querer dar el siguiente paso, pero siente que está en el momento de apostarlo todo en su trabajo donde tampoco ha estado avanzando tanto como quisiera... Entonces, todos sienten que van tarde.

Irónico, ¿no? Hasta las personas que parecen tenerlo todo resuelto, sienten que van tarde.

Y así somos los seres humanos. Siempre "tarde". ¿Para qué? ¿Para los planes que la sociedad nos dicte? ¿Para cumplir con las expectativas irreales que nos impusimos? ¿Para cumplir con las expectativas de los demás? Tal vez.

Pero me parece curioso, pues el tiempo es lo más relativo que existe. Hay segundos que pueden sentirse como una eternidad, como cuando estabas en la escuela y esperabas que la maestra dijera tu nombre con tu calificación, cuando estás esperando noticias en el hospital, cuando esperas que la persona que te gusta te conteste un mensaje, cuando vas en un avión con turbulencia, cuando estás esperando recibir tu prueba de covid, o cuando estás haciendo ejercicio y te toca estar en posición de plancha por un minuto. Hay minutos que se sienten como una eternidad. Y, por el contrario, hay periodos de tiempo largos, que se sienten como un parpadeo. Como esas tardes de juegos con tus amigos o la primera cita con esa persona especial con la que parecía que los temas de conversación nunca terminarían. Minutos que parecen eternidades, horas que parecen parpadeos.

Pasamos tanto tiempo tratando de correr para superar el tiempo, que olvidamos que este pasa de igual manera. ¿Cuántos cafés quedan en una promesa? ¿Cuántas pláticas y abrazos nos quedan pendientes? Nos llenamos de varios "algún día". "Algún día tomaré esa decisión", "Algún día leeré ese libro", "Algún día estudiaré eso que siempre me gustó", "Algún día le diré lo que siento realmente". Pero es más fuerte la sensación de que ya es demasiado tarde.

¿Qué es realmente eso de ir tarde? Lo que para unos es "tarde" para otros puede ser "temprano", así como cuando hay un final, siempre es el inicio de algo nuevo. A veces, vamos tan deprisa que vamos olvidando en el camino lo que realmente necesitamos.

En estos momentos estoy escuchando "Vienna" de Billy Joel. No puedo evitar conectar todo esto que te platico con la letra. Te comparto la letra, pero si tienes oportunidad, escúchala.

Vienna

Slow down, you crazy child.

You're so ambitious for a juvenile.

But then if you're so smart,

Tell me why are you still so afraid?

Where's the fire? What's the hurry about?

You better cool it off
before you burn it out.
You got so much to do
and only so many hours in a day.

But you know that when the truth is told
That you can get what you want or you can just get old
You're gonna
kick off before you even get halfway through.
When will you realize Vienna waits for you?

Slow down, you're doing fine.
You can't be everything you wanna
be before your time,
Although it's so romantic on the
borderline tonight, tonight.

Too bad, but it's the life you lead.
You're so ahead of yourself
that you forgot what you need.
Though you can see when you're wrong,
You know, you can't always see when you're right,
you're right.

You've got your passion. You've got your pride,
But don't you know that only fools are satisfied?
Dream on, but don't imagine they'll all come true.
When will you realize Vienna waits for you?

Slow down, you crazy child.
Take the phone off the hook and
disappear for a while.
It's all right you can afford to lose a day or two.
When will you realize Vienna waits for you?

But you know that when the truth is told
That you can get what you want or you can just get old
You're gonna
kick off before you even get halfway through.
Why don't you realize Vienna waits for you?
When will you realize Vienna waits for you?

Disminuye la velocidad, niña alocada
eres muy ambiciosa para ser tan joven.
Y si eres tan inteligente,
dime por qué todavía estás tan asustada

¿Dónde está el fuego? ¿Cuál es la prisa?
Es mejor que te calmes
antes de apagar ese incendio.
Tienes tantas cosas que hacer
y apenas te alcanzan las horas de un día.

Pero tú sabes que, cuando llega
el momento de la verdad,
puedes lograr lo que quieras o puedes solo envejecer.

Vas a ponerte en marcha incluso
antes de llegar a medio camino.
¿Cuándo te darás cuenta?... Vienna espera por ti.

Disminuye la velocidad, lo estás haciendo bien.
No puedes ser todo lo que quieres antes de tiempo,
aunque eso suene tan romántico
en el límite de esta noche.

Es una lástima, pero es la vida que llevas.
Estás tan apresurada
que olvidaste lo que necesitas.
Aunque puedes ver cuando estás equivocada,
tú sabes, no siempre ves cuando aciertas.

Tienes pasión, tienes orgullo,
pero ¿no sabes que solo los tontos están satisfechos?
Sueña, pero no imagines que todo será realidad.
¿Cuándo te darás cuenta?... Vienna espera por ti.

Disminuye la velocidad, niña alocada,
cuelga el teléfono y desaparece por un rato.
¡Está bien! Puedes permitirte perder un día o dos
¿Cuándo te darás cuenta?... Vienna espera por ti.

Pero tú sabes que cuando la verdad está dicha
puedes lograr lo que quieras o puedes solo envejecer.
Vas a ponerte en marcha incluso

antes de llegar a medio camino.

¿Cuándo te darás cuenta?... Vienna espera por ti.

¿Cuándo te darás cuenta?... Vienna espera por ti.

Vienna nos espera, Vienna siempre va a estar ahí. Siempre hay algo más. Siempre hay pequeñas grandes metas a las cuales podemos aspirar. Podemos tomarnos el tiempo que necesitemos, pues nuestro proceso se puede ver diferente al de las demás personas que nos rodean, y está bien.

No hay tal cosa como el *camino perfecto*, o el *tiempo perfecto*. Solo hay caminos y tiempo. Y lo que hacemos con ellos es lo que debemos decidir.

Hagamos algo. Quiero que imagines que tooodos los días de tu vida despiertas con $86 400 dólares. Pero al finalizar el día, estarás en ceros nuevamente. ¡Es un montón de dinero! ¿Qué harías con esa cantidad de dinero? ¿Lo gastarías todo en un día? ¿Lo invertirías? ¿Lo gastarías en un viaje? ¿Para comprarte un carro?

¿QUÉ HARÍAS?

Y, ¿si te digo que 86 400 es la cantidad de segundos que tenemos en un día?

¡Un montón de segundos! ¿O muy pocos segundos? ¿Qué haces con ellos? ¿Los usas para disfrutar con las personas que amas? ¿Los inviertes en un trabajo que te llena? ¿Los gastas estando en guerra contigo mismo? ¿Cómo los inviertes?

Jose Luis, un amigo a quien admiro y quiero mucho, alguna vez me dijo que "el tiempo es lo más valioso que existe". No hay un regalo más valioso que poder regalarle un poco de nuestro tiempo a una persona, a un proyecto, a un trabajo o a nosotros mismos. Es por eso que tenemos que pensar en cómo vamos a invertir esta fortuna con la que despertamos día con día. El secreto aquí es que lo inviertas de la forma en la que tú lo decidas. Si para ti la mejor forma de invertir tu fortuna es estando con las personas que amas, perfecto. Si para ti la mejor forma de invertir tu fortuna del tiempo es haciendo más de eso que amas, adelante. Si para ti la mejor forma de invertirlo sería estar acostado viendo películas, padrísimo. Aquí no hay bien o mal. La única regla es que intentes disfrutar del camino.

Alguna vez le pregunté a una maestra de la universidad: "¿Cuál es el secreto para poder vivir más felices y plenos?", y su respuesta se quedó conmigo hasta la fecha. Ella me respondió con otra pregunta: **"¿Qué es lo que harías si supieras que hoy es el último día de tu vida? ¿Cómo lo invertirías? ¿Haciendo qué? ¿Acompañada de quién?"**.

Me quedé helada, pues esperaba una respuesta diferente. Después de pensarlo y de decirle mi respuesta, ella me dijo lo siguiente: "Ese es el secreto. Esas actividades que me comentaste, no las olvides. Anótalas y trata de hacerlas más seguido. Por lo menos una al día.

Te darás cuenta de que terminarás tus días sintiéndote más plena, esos días se convertirán en semanas y esas semanas en meses y esos meses en años y esos años, en toda una vida".

Ahora te toca a ti. Quiero que imagines que es el último día de tu vida:

¿CÓMO INVERTIRÍAS TU TIEMPO?

¿QUÉ ACTIVIDADES HARÍAS?

¿A QUIÉNES TE GUSTARÍA TENER A TU ALREDEDOR DURANTE ESTE DÍA?

Al hacer este ejercicio, yo pensaba que al imaginarme el último día de mi vida tendría que hacer cosas extremas como tirarme de un avión con paracaídas o hacer alguna actividad descabellada. Jamás me imaginé que escribiría cosas tan sencillas como bañarme escuchando mis canciones favoritas, comer la comida casera de mi mamá o acostarme a ver mi película favorita con mi pareja y con Conchita (mi perrhija).

Clasificamos como "pequeños detalles de la vida" a eso que más vida nos da.

Muchas veces, por estar tan pendiente de todo lo que podría salir mal nos perdemos de estos grandes detalles de la vida. Otras veces, los damos por sentado, pensamos que siempre estarán ahí. Desafortunadamente, nos damos cuenta de que no todo es para siempre en momentos de incertidumbre y adversidad, cuando perdemos a un ser querido o cuando sucede alguna tragedia.

¿Por qué tenemos que esperarnos a vivir algo tan terrible para valorar nuestro presente?

Despertamos todos los días con la fortuna del tiempo. Es nuestra decisión analizar cómo invertimos esta fortuna. No olvidemos que el regalo más grande que tenemos es el presente. Por eso se le llama así: "presente", porque es un regalo.

Está bien si de repente te das cuenta de que ese proyecto al que tanto le estabas invirtiendo no es para ti.

Se vale si esa persona a la que le regalaste muchos años de tu tiempo no es con quien quieres compartir el resto de tu vida.

No importa qué hora es...
Vas a tiempo.

Es válido cambiar el rumbo de tu carrera, no hay un tiempo en específico para tomar decisiones.

La vida es prueba y error. Nunca es tarde para empezar.

Te quiero dedicar uno de mis poemas favoritos, de Mario Benedetti:

No te rindas

No te rindas, aún estás a tiempo
de alcanzar y comenzar de nuevo,
aceptar tus sombras, enterrar tus miedos,
liberar el lastre, retomar el vuelo.
No te rindas que la vida es eso,
continuar el viaje,
perseguir tus sueños,
destrabar el tiempo,
correr los escombros y destapar el cielo.
No te rindas, por favor, no cedas,
aunque el frío queme,
aunque el miedo muerda,
aunque el sol se esconda y se calle el viento,
aún hay fuego en tu alma,
aún hay vida en tus sueños,
porque la vida es tuya y tuyo también el deseo,
porque lo has querido y porque te quiero.

Porque existe el vino y el amor, es cierto,
porque no hay heridas que no cure el tiempo,
abrir las puertas quitar los cerrojos,
abandonar las murallas que te protegieron.
Vivir la vida y aceptar el reto,
recuperar la risa, ensayar el canto,
bajar la guardia y extender las manos,
desplegar las alas e intentar de nuevo,
celebrar la vida y retomar los cielos,
No te rindas, por favor, no cedas,
aunque el frío queme,
aunque el miedo muerda,
aunque el sol se ponga y se calle el viento,
aún hay fuego en tu alma,
aún hay vida en tus sueños,
porque cada día es un comienzo,
porque esta es la hora y el mejor momento,
porque no estas sola,
porque yo te quiero.

Por amor a mí,
voy a mi tiempo.

Por amor a mí, te escribí este libro

Llegamos juntos al final de este libro que, sin duda alguna, ha sido escrito con el corazón. No tengo forma de agradecerte el haber llegado hasta aquí. *Por amor a mí* me recordó todas esas decisiones que por amor he tenido que tomar, por más incómodas que hayan sido. Me hizo replantearme ideas que tenía respecto al amor (propio y de pareja). Reviví ese corazón roto, esa etapa de enamoramiento, esa oscuridad ocasionada por la ansiedad y esa curiosidad por la vida.

Te aseguro, no soy la misma persona que era al iniciar este libro, y eso es maravilloso. Gracias por permitirme compartir desde mi vulnerabilidad un poco de lo que he vivido como psicóloga, pero también como persona.

Hoy te escribo nuevamente camino a casa, pero ahora dándome cuenta de que mi hogar siempre he sido yo. Abrazo todas y cada una de mis cicatrices que me han traído a este momento, contigo.

Deseo que este libro te haya ayudado a abrazar, sanar y sobre todo a cuestionar todo eso que nos contaron sobre el amor propio. Tengo la ilusión de que te recuerde que en la vida siempre tendremos momentos de luz y de oscuridad, pero que siempre podemos elegir amarnos, sobre todas nuestras heridas. Quisiera que este libro te recuerde que eres más fuerte de lo que te imaginas, que todo es temporal y que todo esfuerzo vale la pena, *por amor a mí.*

Por amor a mí.

Agradecimientos

Agradezco con el alma a la familia Penguin Random House, David García, Andrea Salcedo, Michelle Griffing, Verónica Meneses, Amalia Ángeles y Maru Lucero, por haber creído en mí desde el día uno y por haberse convertido en personas tan especiales para mí.

A mi psicóloga Yenn, por ayudarme a ver la vida con unos nuevos ojos y por impulsarme a creer en mí.

A mis colegas y amigas, pues son mi fuente de inspiración.

A David Zendejas, porque ha sido un gran maestro.

A mis personas favoritas, quienes han sido cómplices de esta aventura y se han emocionado junto a mí desde el comienzo.

A mi familia y a esas personas que se han convertido en familia.

A ti.

Gracias.

Por amor a mí de Alma Lozano
se terminó de imprimir en septiembre de 2023
en los talleres de
Impresora Tauro, S.A. de C.V.
Av. Año de Juárez 343, col. Granjas San Antonio,
Ciudad de México